KB234949

바로잡은 주역

동양철학과 인문학의 고전 읽기

바로잡은 주역

이중수 역주

별글

별처럼 빛나는 글

인간의 욕망은 끝간 데를 모른다. 그 정점에 미래를 예측하여 불확실성을 줄이고자 하는 욕구가 자리하고 있다. 그것이 인간의 역량을 벗어난 것일 텐데도, 인간은 끊임없이 신의 영역에 도전하고 있다. 궁극적으로는 중국의 어리석은 황제처럼 불로장생하려는 것이 목표일 수도 있겠지만, 미래가 예측되면 인간사에서 맛보게 되는 온갖 시련과 역경 곤란 질병들을 사전에 예방할 수 있다고 기대한다. 또, 승진 정복 상승 등의 긍정적인 욕망도 채울 수 있게 된다. 이를 위해 인간의 역사가 시작된 이래로 줄곧 미래예측서가 역사의 수면 아래에서 전해져 왔다. 대표적인 산물이 주역(周易)이다.

고대 동양의 성인(聖人)들이 그림을 그리고, 상징을 보태고, 글을 붙인 데다 후대 성인들이 깊이 들여다보면서 떨어져나간 부분을 깁고, 피가 도는 살을 덧붙이고, 일부만 보던 것을 많은 사람이 읽을 수 있도록 묶어서 펴내 완결지은 역서가 바로 우리가 점술서로 보고 있는 주역이다.

　3천 년이 넘게 전해져 내려오는 동안 들여다보고 시험해보고 고치고 깁고 하면서 완성도를 높여온 주역은 우리 문자가 나오기 이전에 만들어졌다. 그래서 우리 어법보다는 한문식 어법, 또는 한문을 새기는 데 필요한 구결을 끼워넣는 식의 어정쩡한 문장으로 이루어져 있어 글에서 가장 중요한 '의미의 맥락'을 제대로 이해하지 못한 경우가 허다하다. 한문은 충실하게 읽었으나 그 문장이 의미하는 바를 중국식 말로 번역하거나, 우리 말인 듯이 번역했지만 실상은 우리말의 어감과 어휘를 제대로 살리지 못했거나, 심지어는 본래의 의미에서 벗어나 전혀 엉뚱한 뜻으로 새기는 경우까지 빈번했다.

　이제, 21세기를 사는 한국인으로서 현대의 우리 어법에 맞고 우리 말의 의미로 쉽게 나타낼 수 있고, 우리의 마음 구조에 따라 이해할 수 있도록 원문을 새기는 글을 다시 다듬고, 역서의 본래 창작 정신을 되살려내어 《바로잡은 주역》으로 펴낸다.

2016년 봄
온수산인

1장
주역의 이해

대학입시에서 한문 과목의 점수를 얻기 위해 한자와 한문을 공부한 기억이 난다. 당시 대학 본고사에서 국어에 한문이 포함되어 전체 100점 만점 중 10점이나 차지했기 때문에 공부를 하지 않을 수 없었다. 그래서 《논어》, 《맹자》, 《대학》, 《중용》 등의 사서와 《허생전》, 《양반전》 등 우리의 한문학 소설을 몇 편 읽었다. 대학에 들어가 국문학을 한답시고 중국 당·송시대 시인이나 우리 고대 가요 및 문인의 글을 읽었지만 끝내 주역을 독파하지 못했다. 도서관에서 빌려온 주역을 공부하려고 책을 펼치기만 하면 첫 장에서부터 기가 질렸다. "건은 원형이정하고…"로 시작되는 문장을 놓고 끙끙 씨름하다가 결국 다시 반납하기를 몇차례하고는 그냥 졸업하고 말았다. 그 후로도 몇 번 시도를 하였으나 매번 첫 장에서 끼끼대다가 포기하곤 했던 기억이 새롭다.

그러고는 무려 30여년이 지난 몇 년 전에 주역을 들여다보니 이제

사 그 의미와 설명이 한눈에 들어오지 않는가. 역시 나이가 들어서야 끌리는 매력이 있는 게 주역이라는 생각이 든다. 젊은 시절 점이나 국가적 중대사에 대한 예측, 예언 따위에 무슨 흥미가 있겠는가. 나이가 들면서는 국가의 미래에 대한 예측뿐만 아니라 나의 앞날이 궁금해지는 것은 물론이고 가족, 사회 등 주변 모든 인물과 사물에 대한 직관이 점점 날카로워지게 된 까닭이다. 인물과 사물에서 나타나는 기(幾)가 어떤 모습을 띨 지에 대한 관심이 서서히 커간다. 또, 내가 이 세상에 태어나서 누릴 수 있고 누려야 할 분(分)이 어느 정도인지를 문득문득 알고 싶어진다. 이 두 요소만으로도 주역에 대한 관심과 끌림은 어쩔 수 없는 구심력이 있는 듯하다.

근대 이후의 과학은 '필연적 연관성'을 가진 것으로 입증되어야만 그 사실 및 진리 체계가 인정될 수 있다는 것을 기본 전제로 출발한다. 이 같은 측면에서 보면 동양의 역서가 지탱하고 있는 기반은 과학적이라고 하기가 어려울 수 있다. 과학보다는 철학이라고 해야 한다. 그러나 근·현대의 학문체계에서는 철학도 과학에 근거해야 한다. 즉, 필연적 연관성이 입증되어야 한다. 따라서 역서를 근대적 의미의 과학이라거나 철학이라고 하기가 무척 어렵게 됐다.

역서가 기반하고 있는 방법론에 대하여 필자 나름의 분석적 틀을 3가지로 제시해본다.

역서는 우선 직관과 상상력, 감각에 의존하고 있는 선험적 학문이라고 할 수 있다. 이는 구성요소를 분해하고, 뜯어내서 분석하고, 그 결과를 이성적이고 논리적으로 일관된 체계에 맞게 입증하는 방법론을 구사하는 서양 학문과는 분명 다르다. 역서는 이와는 정반대의 방법론을 구사한다. 요소를 분해하고 분석하기 이전에 오히려 요소들을 일관성 있게 통합시키고 있으며, 논리적 틀에 맞게 설명하고 있다. 이렇게 하여 인과관계를 따져서 거대한 진리체계를 구축해놓은 것이다. 이 구성은 이미 통합된 거대체계여서 요소들로 분해하고 분석하려면 머나먼 길을 돌아서 가야 한다. 필연성을 맞춰가며 진리의 세계를 찾아가는 것이 아니라, 거꾸로 이미 완전한 진리의 체계를 상징과 언어로 들여다볼 수 있도록 짜여진 틀이 바로 역서이다. 아무것도 모르는 상태에서 귀납적으로 이치들을 꿰어 맞춰 진리를 찾아가는 순서를 따르는 방식이 아니라, 수천 년간 자연을 들여다보고 깨친 이치로 진리의 틀을 먼저 구성해놓고 그에 대한 설명을 붙여나가는 연역적 방법론이라 할 수 있다. 그래서 역서의 철학체계를 단순히 서구의 학문체계와 비교하여 단정하면 오류를 범하게 된다.

그러다보니 경험과 감성이 새로운 체계를 포착하면 그것을 계기로 새로운 과학적 틀을 주조해가는 서양학문과 달리, 역서의 방법론은 이미 세계를 들여다보는 완벽한 인식체계와 도구를 갖추고 있어 새로운 경험과 감성이 찾아낸 체계는 새로운 것이 아니라 이미 갖춰진 틀을 재해석하면 얻을 수 있는 것에 지나지 않는다. 마치 용처럼 변화무쌍한 모양 바꾸기일 뿐이지 새로운 체계가 만들어지는 것은 아니다. 이 부분은 동양철학의 한 면모로서 특징이라고 할 수도 있지만, 거대한 틀을 바꾸지 못한다는 점에서 인문학으로서의 장점을 살리지 못하는 부정적인 면을 지니고 있다.

두 번째로, 주역은 인간이 지닌 한계를 알고 이에 따른 대처 방법을 찾으려는 사람들의 행동과학이라고 할 수 있다. 사람에게는 자기만이

가지고 있는 고유의 한계에 대한 임계치가 있다. 기쁨, 노여움, 슬픔, 즐거움, 사랑, 미움, 욕심을 비롯해 열정, 인내, 동기부여 등 인간의 감각, 느낌, 감정, 지성, 이성, 정신 등은 사람마다 상황에 따라 발현되는 임계치가 다르다. 어떤 이는 다른 사람보다 어려움을 참고 견디는 정도가 더 강하여 인내력이 크다. 또 어떤 이는 남과 달리 노여움의 임계치가 낮아서 쉽게 화를 내는 경우가 있다. 이 모든 경우에 대하여 학문적 이론을 정립하여 법칙으로 세우기는 거의 불가능할 것이다. 이 같은 불가능한 상황을 이겨내고 각 개인의 임계 상황에 적용 가능한 예측을 하기 위하여 철학·심리학적 기준율을 제시하려 한 것이 역서이다.

주역에서는 인간과 사물의 분(分)과 기(幾)를 중시하는데, 이는 요즘 말로 하면 능력과 환경을 말하는 것이다. 자신의 분을 안다는 것은 자기가 지닌 능력이 어느 정도인가를 아는 것과 비슷하다. 또, 주변의 기를 알아차린다는 것은 더듬이로 기미, 조짐, 낌새를 느껴 그에 맞게 처신하게 된다는 말이다.

마지막으로 역서는 인류 문화와 문명의 과정과 궤적을 같이하며 진행되어 왔다.

인류의 역사는 처음에는 개인과 가족을 중심으로 하는 사회에서 점차 공공의 질서를 만들어가는 형태로 구성되며 단계적으로 집단화되어 왔다. 그러다가 르네상스 시대 이후 개인의 영역에 눈을 뜨기는 했으나 제국주의 시대까지 계속 전체주의적 입장이 강한 권력을 쥐고 있었다. 그러다가 세계 대전 이후 무한대의 자유가 실현되기 시작하면서 다시 질서보다 개인의 영역을 보호하는 체계로 세계 질서를 구성하고 있다. 주역의 의미가 3천 년이 넘는 시간을 훌쩍 넘어서도 의미를 지니는 이유는 바로 시대와 상황에 따라 해석을 달리할 수 있는 대목이다. 6천 년 전부터 시작된 주역의 이론 및 체계 정립 과정은 3천 년 전에 와서 완성되었지만 그 이후로도 숱한 학자들과 전문가들의 해석과 재해석의 과정을 거치면서 오늘날의 주역으로 변신하며 지속되어 왔다. 당초 처음에는 강조하는 바가 달랐던 것이 분명하지만 21세기에는 시대에 맞는 해석으로 변신할 수 있다는 것만으로도 그 체계의 완성도가 어느 정도인지 알 만하다.

결론적으로 얘기하면 역서, 특히 주역의 가장 큰 특징은 다음의 명제로 귀결된다. 세상과 인간은 끊임없이 변한다는 것. 그리고 그 변화는 상대와의 관계를 이루는 경우에 한해서 일어난다는 대목이다.

이 점이 바로 주역이 처음부터 끝까지 전제하고 있는 철학의 몸통이다. 변화를 기정사실로 놓고 세상과 인간의 흥망성쇠를 얘기하니 당연히 모든 것이 역(易) 속으로 빨려들어갈 뿐이다. 흥망성쇠가 바로 변화라 할 수 있지 않은가.

주역의 창시자는 중국 신화에 나오는 5천년 전의 복희씨(伏羲氏)로 알려져 있다. 왜 이 시기에 국가적 점을 치거나 세상과 인간의 변화에 대하여 관심을 갖게 되었을까. 과연 그럴 만한 필요가 있었는지, 그 효용가치가 얼마나 컸는지 등에 관심을 갖지 않을 수 없다. 이미 그 시기에 중국은 점을 치거나 세상과 인간의 변화에 대하여 미루어봐야 할 정도로 국가 규모가 크거나 변화를 관리해야 할 필요가 절실했다고 볼 수밖에 없다.

주역에서 사용하는 상징은 우선 음양을 나타내는 양(陽)과 음(陰)의 기호였을 것이다. 즉, 陽은 능동을 나타내며 기호로는 ☰ (하늘 天 괘)를 사용하였다. 아비(父)이며 하늘(天)의 의미를 내포하고 있다. 또 陰은 수동을 나타내며 기호로는 ☷ (땅 地 괘)를 썼다. 의미는 어미(母)와 땅(地)을 상징한다.

하늘, 땅과 함께 8개의 괘가 만들어지는데, 세번째가 ☳ 우레 雷, 네번째가 ☵ 물 水, 다섯번째가 ☶ 산 山, 여섯번째가 ☴ 바람 風, 일곱번째가 ☲ 불 火, 여덟번째가 ☱ 못 澤 등으로 그려진다.

역서는 주역만 존재했던 것은 아닌 듯하다. 이미 그 이전에도 역서를 사용했던 기록들이 있다. 중국 전설상의 나라인 하(河)나라에서 사용했다는 연산(連山) 역이 있는가 하면 은(殷)나라에서 쓰이던 귀장(歸藏) 역, 그리고 주역이 있다.

주역의 시대적 배경을 알 수 있는 인물들로는 殷 시기의 비간(比干), 기자(箕子)가 있고, 周 시기의 문왕(文王), 무왕(武王)이 있다. 그리고 易을 글로 풀이한 주공(周公), 공자(孔子)가 등장한다.

공자에 와서 주역의 십익(十翼)이 만들어졌는데 이는 단전(彖傳), 상전(象傳), 문언전(文言傳), 계사전(繫辭傳 上, 下), 설괘전(說卦傳), 서괘전(序卦傳 上, 下), 잡괘전(雜卦傳)으로 구성된다. 여기서 공자가 주역을 묶은 끈이 세 번 끊어질 정도로 읽었다는 위편삼절(韋編三絕) 고사가 나온다.

주역의 근간 철학은 태극(太極), 혼돈(混沌, Chaos) 상태에서 출발한다. 둥근 하늘(天 ○), 네모난 땅(地 ㅁ), 땅을 딛고 서 있는 사람(人 △)이 등장하고 이를 운영하는 원리인 음양이 나온다. 다시 이를 패턴별로

분류하면 거대한 체계가 나타나는데 바로 사상(四象, 태양 ▆, 소양 ▆▆,
소음 ▆▆, 태음 ▆▆)이다. 이 과정에 하나가 다른 두 개를 낳는 일생이법(一
生二法)의 음양 규칙이 적용되고 있다.

음양이론에서 중요한 점은 陽이 생겨나는 것을 일양지(一陽之)라 하
며 陰이 생겨나는 것을 일음지(一陰之)라 하는데, 陽이 점차 커지는 것
을 변(變)이라 하고 陰이 점차 성하는 것을 화(化)라 한다. 한 번 양으
로 변했다가 다시 음으로 화하는 일양일음(一陰一陽)을 도(道)라 정하
고 있다. 기본 철학의 중심 사상이 변화에 있음을 보여주는 셈이다.

이 같은 이치의 작용으로 우주만물이 이뤄지는데 이치는 눈에 보이
지 않는다. 그래서 상(象)을 만들어놓고 그 속에 들어 있는 이치를 보
게 된 것이다. 이를 수로써 나타내어 상의 의미를 들여다보는 것을 상
수리(象數理)라 부른다.

상으로 보기 시작하면서 만물과 인간의 구성 및 변화 원리 다섯 가
지를 패턴으로 정하여 체계화한 것이 오행(五行, 水 火 木 金 土)이다.

각 행과 우리 몸과의 관계는 수(水)는 신장(腎臟) 목구멍(喉)과 연계
하며, 화(火)는 심장(心臟), 혀(舌)와 목(木)은 간(肝臟), 어금니(牙)와 금
(金)은 폐(肺臟), 이빨(齒)과 토(土)는 비장(脾臟), 입술(脣)과 관계한다.

이를 바탕으로 각 행은 다른 행의 삶을 돕거나 방해하는 일을 한다.
돕는 것을 상생(相生)이라 하며 수생목(水生木), 목생화(木生火), 화생토
(火生土), 토생금(土生金), 금생수(金生水)라는 자연스러운 공식을 고안
해낸다. 반면 서로를 이기지 못하거나 방해하는 관계를 상극(相剋)이
라 하며 수극화(水克火), 목극토(木克土), 화극금(火克金), 토극수(土克
水), 금극목(金克木)이라는 공식도 자연히 나오게 된다.

역서는 자연운행의 이치를 패턴화하기 위해 다시 천간(天干), 즉 하늘을 열 개로 나눈 십간(十干)과, 땅을 열두 개로 구분한 지지(地支)인 십이지(十二支)를 도입한다.

십간은 갑(甲), 을(乙), 병(丙), 정(丁), 무(戊), 기(己), 경(庚), 신(辛), 임(壬), 계(癸)로 분류한다. 십이지는 자(子), 축(丑), 인(寅), 묘(卯), 진(辰), 사(巳), 오(午), 미(未), 신(申), 유(酉), 술(戌), 해(亥)이다. 이를 동물과 연계하여 설명하기도 한다. 그리고 십이지는 일상생활에서 시간과 공간을 나누는 척도로서도 활용된다. 다양한 척도와 체계의 구분자로 십이지를 쓰게 된 것이다. 子는 하늘이 이로부터 열린다(天開於子)하여 밤 12시를 나타내고 현대에서는 12시 정각을 자정이라고 부른다. 일 년 중 달의 수로는 11월을 가리킨다. 두 번째 십이지 丑은 땅이 이로부터 열린다(地開於丑)고 하며 새벽 2시, 달로는 12월을 표시한다. 寅은 사람은 이로부터 시작한다(人生於寅)고 하며 새벽 4시, 달로는 정월을, 卯는 만물은 여기부터 시작한다(物生於卯)고 하고 아침 6시, 달로는 2월을 알린다. 辰은 오전 8시, 춘3월을, 巳는 오전 10시, 4월을, 午는 낮 12시, 5월을, 未는 오후 2시, 6월을, 申은 오후 4시, 7월을, 酉는 오후 6시, 8월을, 戌은 오후 8시, 9월을, 亥는 오후 10시, 10월을 나타낸다.

이로부터 천간과 지지에서 일곱 가지가 상충하고 여섯 가지는 합을 이룬다는 칠충육합(七沖六合)의 이치가 나온다. 六合은 자축합(子丑合), 인해합(寅亥合), 묘술합(卯戌合), 진유합(辰酉合), 사신합(巳申合), 오미합(午未合)이며, 七沖은 자오 상충(子午相沖)을 비롯하여 축미(丑未), 인신(寅申), 묘유(卯酉), 진술(辰戌), 사해(巳亥) 상충이 있다.

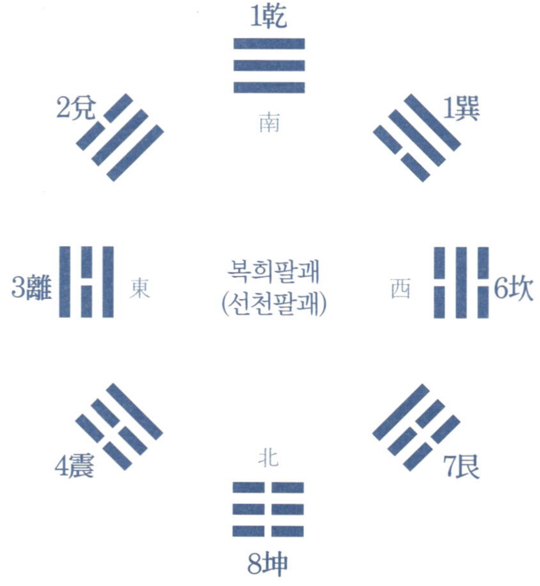

이밖에도 삼재(三災), 음양합(陰陽合), 상충살(相沖殺) 또는 원진살(怨嗔殺) 등 점술서에 나오는 용어들이 만들어진다.

이 같은 기본 사상을 바탕으로 주역은 경(經)과 전(傳) 두 가지 체제로 이뤄져 있다. 경은 다시 괘(卦)와 효사(爻辭)로 구성되어 있고, 전은 십익(十翼)으로 체제를 이룬다.

설에 따르면 복희씨 때 황하(黃河)에 나타난 용마(龍馬)가 하도(河圖·그림1)를 짊어지고 나왔다고 전한다. 이는 10개의 수(數)를 나타낸 단모(旋毛)로서, 이후 수리철학이 전개된다. 1부터 5까지는 생수(生數)이며 6부터 10까지는 성수(成數)라고 부른다. 그중 1, 3, 5는 陽이며 하늘의

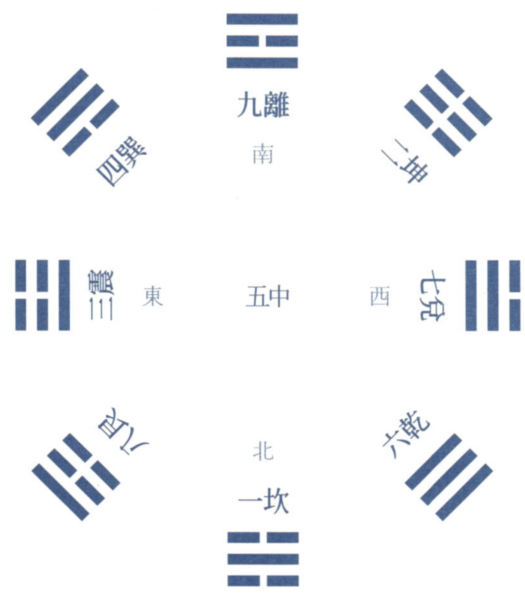

〈그림 2〉 후천팔괘(後天八卦) 방위도(方位圖)

數로서 모두 합하면 9가 되어 이를 노양 또는 태양이라 한다. 2, 4는 陰, 땅의 數로서 모두 합하면 6이 되며, 노음 또는 태음이라 칭한다.

다시 상(象)으로 돌아가면 팔괘(八卦)가 나온다. 이를 만물을 이루는 특성들과 연계하여 역에서 쓰고자 하는 패턴으로 분류하면 다음과 같다. 첫번째 ☰는 일건천(一乾天)으로 태양과 해의 기둥(年柱), ☱는 이 태택(二兌澤)으로 태상절(兌上絶)을 나타낸다. ☲는 삼리화(三離火) 이허중(離虛中)으로 소음과 달의 기둥(月柱)을 표시한다. ☳는 사진뢰(四震雷)로 진하련(震下連), ☴는 오선풍(五巽風) 손하절(巽下絶)로 소양과 날의 기둥(日柱)에 매어놓는다. ☵는 육감수(六坎水)로 감중련(坎中連), ☷

형성	괘명과 괘상		괘의 덕성 卦德	자연	가족	동물	신체	오행/방위 후천팔괘
	선천	후천						
건삼련 乾三連	一乾 天	六乾	健 (굳건함)	하늘	부친	말	머리	陽金(剛金) 西北
태상절 兌上絶	二兌 澤	七兌	說 (기뻐함)	연못, 月(달)	少녀	白虎, 양	입, 코	陰金(柔金) 正西
이허중 離虛中	三離 火	九離	麗 (걸림), 見	불, 矢 日(해)	중녀	朱雀, 꿩 午(말)	눈	陰火 正南
진하련 震下連	四震 雷	三震	動 (움직임)	우레	장남	靑龍	발	陽木(剛木) 正東
손하절 巽下絶	五巽 風	四巽	入 (들어감)	바람	장녀	닭	넓적 다리	陰木(柔木) 東南
감중련 坎中連	六坎 水	一坎	陷 (빠짐), 險, 憂	물, 酒食 弓	중남	玄武 돼지, 狐	귀, 믐	陽水 正北
간상련 艮上連	七艮 山	八艮	止 (그침)	山	少남	개, 鼯鼠 (다람쥐)	손	陽土(언덕) 東北
곤삼절 坤三絶	八坤 地	二坤	順 (유순함)	땅	모친, 侯	소	배, 腹	陰土(평지) 西南

은 칠간산(七艮山), 간상련(艮上連)으로 태음과 때의 기둥(時柱)을 알린다. 마지막 팔괘인 ☷는 팔곤지(八坤地)로 곤삼절(坤三絶)을 상징한다.

이와 함께 4천 년 전인 순(舜) 임금 때에 대홍수가 일었는데, 낙수(洛水)에서 신령한 거북이 나와 구궁(九宮)의 수를 가르쳐주었다고 한다. 하도와 낙서를 통합하여 〈그림 2〉와 같은 문왕(文王)의 후천팔괘(後天八卦) 차서도(次序圖), 즉 방위도(方位圖)가 완성된다.

앞서의 선천팔괘도와 이 후천팔괘 차서도를 요약하면 〈표 1〉과 같이 그릴 수 있다.

주역의 철학을 담고 있는 부분이 계사전(繫辭傳)이다. 앞서 서술한 바와 같이 주역은 복희씨 때 상징의 괘(卦)가 만들어지고 그 뒤 주나라가 열릴 때까지 계속 이론과 체계가 다듬어지면서 철학서 내지 점술서로 활용되어 왔다. 그 뒤 공자가 주역의 괘에 유학 정신을 담은 한문 글귀로 해석을 붙여 계사전을 만들게 된다. 64괘를 설명하고 있는 주역 본편에 대해서는 고대의 갑골문 유적이 발굴되면서 아직까지도 해석을 둘러싸고 이견이 계속 나오고 있으나 계사전에는 해당하지 않는다.

따라서 주역의 근간 사상을 말하고 있는 계사전을 먼저 해석하고 의미를 음미해봄으로써 철학서이자 점술서인 주역 전체의 위상을 가늠해보고자 한다. 우주 만물과 인간 세상의 변화 원리를 조목조목 나열하고 있는 64괘에 대한 해석과 설명은 다음 권에서 다룰 예정이다.

여기서는 편의상 계사전을 상·하로 나누고 각각을 12개의 절로 구분해 설명하고자 한다. 앞에서도 말한 바와 같이 우리말의 어법에 충실하고 한문투의 문장을 다듬었으며, 의미가 명확치 않은 부분이나 학자 간에 이견이 있던 문장에 대한 해석을 분명하게 하였다. 필자가 과연 그만한 식견을 갖추고 있다고 자부하기에는 부족하지만 나름대로의 관점을 지니고 뜻을 새기고 주석을 달 수 있었다는 점을 밝혀둔다. 강호 제현의 가감없는 질정을 바란다.

2장
계사전(繫辭傳)
上

● 쉽고 간명하게
● 천하의 이치를 얻을 수 있다

天尊地卑 乾坤定矣 卑高以陳 貴賤位矣

動靜有常 剛柔斷矣

方以類聚 物以群分 吉凶生矣

在天成象 在地成形 變化見矣

하늘은 높고 땅은 낮으니 하늘과 땅이 정해진다.

높고 낮은 것으로 펼쳐지니 귀천이 자리한다.

움직임과 정지함에는 일정한 법칙이 있어

강함과 부드러움이 구별된다.

공간에 따라 종류가 달라지며,

만물은 무리로 나누어져 길흉이 생긴다.

하늘에서는 현상을 나타내고 땅에서는 형체를 보이니

변화가 드러난다.

天尊地卑(천존지비) : 주역 계사전의 첫 장을 대표하는 구절이다. 인간 세계의 큰 틀인 하늘과 땅을 먼저 등장시킴으로써 주역이 인간과 우주의 근본 이치를 나타내는 철학임을 보여준다. 天尊地卑~變化見矣까지를 天易(천역)이라 하고, 剛柔相摩~一寒一暑까지를 書易(서역)이라 하며, 乾道成男~得而

成位乎其中矣 까지를 人易(인역)이라 한다.

① 하늘은 높고 땅은 낮고 《주역 본의》와 대부분의 주역 연구서)

② 하늘은 존엄하고 땅은 가까우니 《주역계사 강의》 : 하늘이 존엄한 근거는 우리가 도달할 수 없기 때문이고, 땅이 비천한 이유는 우리와 가깝기 때문으로 해독하고 있다.

③ '높고 낮음'으로 새기는 것이, 그다음에 나오는 귀하고 천하다는 글과 대응하기 때문에 적절해 보인다. 즉, 자리(位)의 귀천이 나오는 이치는 높고 낮기 때문이다. 높고 가깝다고 하면 귀하고 천하다는 호응이 적절치 않다. 정리하면, **'하늘은 높고 땅은 낮으니'**라는 전형적인 번역을 따른다.

貴賤位矣(귀천위의) : '귀천이 자리가 있다'는 말은 해당 괘에서 초효부터 상효까지 여섯 개의 효가 모두 변화하면서 높고 낮은 위치로 자리 잡게 된다는 뜻이다.

動靜有常 剛柔斷矣(동정유상 강유단의) : '움직임과 정지함에는 일정한 법칙이 있다'는 말에서 우선, 움직임이 일어나면 變(변)이라 하고 이는 음에서 양으로 가는 것, 미미한 것에서 드러난 것으로 가는 것을 말한다. 정지함이 일어나면 化(화)라 하며 이는 양에서 음으로 가는 것, 성대함으로부터 쇠퇴로 가는 것을 말한다. 이와 같은 움직임과 정지함이 일단 정해지면 바로 강함과 부드러움이 만들어진다. 즉, 강함과 부드러움이 확정된다. 움직임과 정지함에는 일정한 법칙이 있는데 그 법칙이 한번 확정되면 강유가 정해진다는 뜻이다. 그래서 동정과 강유가 동일한 문맥에서 이해되는 구조로 이뤄져 있다.

常(상) : 떳떳하다, 일정하다, 평범하다 / 항상, 법도, 규율

方以類聚 物以群分(방이유취 물이군분) : 연구자마다 한자에 대한 해독도 다르고, 문장에 대한 이해도 다른 대목이다.

① 일은 같은 종류끼리 모으고, 사물은 무리로 나누니 (대부분) 이렇게 해독하는 이유는 주자의 주석을 따르기 때문이다. 즉, 주자는 方謂事情所向 言事物善惡 各以類分(방위사정소향 언사물선악 각이류분)에서 方(방)을 事(사)로 주석하고, 사물의 선악이 각각 類(류)로 나눠진다고 보고 있다.

② 지역에 따라 종이 달라지며, 다양한 종들이 각기 다른 사회를 이룸으로써 《주역계사 강의》

③ 方(방)은 일정한 공간, 또는 방향을 말하며, 이에 따라 같이 모이는 類(류)가 달라진다는 뜻을 지닌다. 공간에 따라 같이 모이는 것들이 분류되며, (모여 있는 것을 보니) 이 류에서 다시 사물들은 무리로 나눌 수 있다는 '분류와 구분'의 의미를 담고 있다. 정리하면, '공간에 따라 (같이 모이는) 종류가 달라지며, 만물은 무리로 나누어져'로 해석한다.

在天成象 在地成形(재천성상 재지성형) : 연구자마다 해독이 비슷하다. 象形不二(상형불이)의 사상이 나타나고 있다.

① 하늘에선 상이 나타나고, 땅에선 형체를 드러내니 (대부분)

② 하늘에는 천체의 현상이, 땅에는 구체적인 형질이 나타남으로써《주역계사 강의》

③ 하늘에는 해, 달, 별 등의 象(상)이 이뤄져 있고, 땅에는 산, 강, 남자, 여자, 식물 등의 形(형)이 드러나 있다. 하늘에 있는 것들은 무엇을 본받은 것이므로 象(상, 현상)으로 나타나고, 땅 위에 있는 것들은 무엇을 본뜬(닮은) 것들이므로 形(형, 형체)으로 드러난다. 즉, 이것들은 모두 변화되어가는 것들이다. 정리하면 '하늘에서는 현상을 나타내고, 땅에서는 형체를 보이니'로 해석한다.

이런 고로 강함과 부드러움이 서로 마찰을 일으키고

팔괘가 서로 뒤섞인다.

천둥이 울고 번개가 쳐서 북돋우고,

바람이 불고 비가 내리면 윤택해지며,

해와 달이 운행하므로 더위와 추위가 가고 온다.

剛柔相摩(팔괘상마) : 一生二法(일생이법)에 의해 太極(태극) → 剛柔(강유) → 思想

(사상) → 八卦(팔괘, 16 → 32 → 64괘)로 이어지고 확장된다.

八卦相盪(팔괘상탕) : 팔괘가 서로 한번씩 움직여 모두 만나면 相盪 = 64卦

鼓之以雷霆(고지이뇌정) : 여기서부터 자연현상의 이치를 설명하고 있다. 역이

이런 이치에서 발원하고 있음을 보여주려는 시도이다.

① 우레로 (세계를) 고동치고 (대부분)

② 천둥과 번개로써 (치면서 기류가 온통) 팽창되고 《주역계사 강의》

③ 천둥과 번개는 인간세계에 자극을 주어 분위기를 고무진작시키는 의미를

지닌다. 정리하면, '천둥이 울고 번개가 쳐서 북돋우고'로 해석한다.

乾道成男 坤道成女 乾知大始 坤作成物
乾以易知 坤以簡能 易則易知 簡則易從
易知則有親 易從則有功 有親則可久 有功則可大
可久則賢人之德 可大則賢人之業
易簡而天下之理 得矣 天下之理 得而成位乎其中矣

하늘의 道(도)가 남성을 만들고, 땅의 도가 여성을 만든다.

하늘은 (만물의) 큰 시작을 주관하고 땅은 만물을 완성해낸다.

하늘은 (만물의 시작을) 평이하게 주관하고,

땅은 (만물의 완성을) 간결하게 한다.

(시작이) 평이해서 알기가 쉽고, (완성이) 간결하므로 따르기 쉽다.

알기 쉬우면 친하게 되고, 따르기 쉬우면 이룸이 있다.

친하면 오래 가고, 이룸이 있어 커진다.

오래 가는 것은 현인의 덕이며, 커지는 것은 현인의 업이다.

쉽고 간결하여 천하의 이치를 얻을 수 있고,

천하의 이치를 얻으니 (역의) 가운데에 자리할 수 있다.

乾知大始 坤作成物(건지대시 곤작성물) :

　① 건도는 최초의 시작을 주관하고, 곤도는 만물을 완성한다 《주역 본의》

② 형이상학적 건에서부터 시작되어 곤에서 물로 구체화된다《주역계사 강의》

③ 乾主始物而坤作成之 주자의 주석에서 말하는 것처럼 '물의 시작을 주관하는 것이 건이고, 이를 완성하는 것이 곤이다'라는 뜻이 합당해 보인다. 정리하면, '건은 (만물의) 큰 시작을 주관하고, 곤은 만물을 완성시킨다'로 해석하면 좋다.

知(지) : 주관하다, 알리다, 주장하다

乾以易知 坤以簡能(건이이지 곤이간능) : 주역의 핵심. 진리는 어렵거나 복잡하지 않고 오히려 쉽고 간결하다. 앞 문장의 해석을 달리하면 이 문장도 뜻을 달리하게 된다.

① 건은 쉬움을 통해 알고, 곤은 간단함을 통해 완성한다《주역 본의》

② 건으로써 형이상학적 역을 알고, 곤으로써 그 작용을 간명히 한다《주역계사 강의》

③ 하늘은 만물의 생성(큰 시작)을 주관하므로 시작에서는 쉽게 알게 한다는 말이다. 또, 땅은 하늘의 뜻에 따라 시작된 만물의 생성을 완성시켜야 하는데, 이를 스스로 작위적으로 이끌지 않고 간결하게 이뤄간다는 의미이다. 정리하면, '하늘은 (만물의 시작을) **쉽게 알 수 있도록 하고, 땅은 (만물의 완성을) 간결하게 한다'**

乾易(건이)의 법칙 + **坤簡**(곤간)의 법칙 = **易簡**(이간)의 법칙

得而成位乎其中矣(득이성위호기중의) : 其(그)가 무엇인지가 궁금하다. 주자 집주에는 '그'를 '천지'로 해독하고 있다. 그러나 문맥상 이 구절은 易(역)의 이치를 설명하고 있다. 따라서 이 문장의 전체 주어를 역으로 보고 '그'를 역으로 해석함이 타당해 보인다.

● 강함과 부드러움이 부딪쳐
● 변화가 일어난다

聖人 設卦 觀象 繫辭焉 而明吉凶 剛柔相推 而生變化
是故 吉凶者 失得之象也 悔吝者 憂虞之象也
變化者 進退之象也 剛柔者 晝夜之象也
六爻之動 三極之道也

성인이 괘를 펼치고 상을 보면서 (괘상을 설명하는)
글을 달아서 길흉을 명확히 하였고
강함과 부드러움이 서로 밀쳐 변화를 낳았다.
이런 까닭에 길흉은 득실의 상이고,
후회와 인색함은 근심과 걱정의 상이며,
변화는 나아감과 물러남의 상이고,
강함과 부드러움은 낮과 밤의 상이며,
여섯 효의 움직임은 삼 극(삼태극)의 도를 나타낸다.

- -

悔(회) : 후회함 ┃ 吝(인) : 인색함, 곤란함

憂(우) : 근심, 번뇌 ┃ 虞(우) : 걱정,.사려, 쉬지 않고 생각하는 것

變(변)은 음에서 양으로 바뀌는 힘이고, 化(화)는 양에서 음으로 바뀌는 힘이다.

變은 나아가는 상이고 주체는 음이며, 化는 물러나는 상이고 주체는 양이다.

進(진)은 柔(유)로부터 剛(강)으로 가는 것이고, 退(퇴)는 剛으로부터 柔로 가는 것이다.

이미 변해서 강이 되면 낮이면서 양이고, 이미 화하여 유가 되면 밤이면서 음이다.

변화는 진퇴의 상, 즉 강유가 정해지지 않은 것이다

강유는 주야의 상, 이는 이미 강유가 완성된 것(변화가 끝난 상태)이란 뜻이다

⇒ 이렇게 보면 변화, 음양, 진퇴, 강유는 서로 맞물려 돌아가는 이치의 한 부면을 나타낸다고 볼 수 있다. 그 앞뒤, 상하의 관계를 잘 보고 판단해야 한다.

三太極(삼태극) : 天태극, 地태극, 人태극 ⇨ 천, 지, 인 三才(삼재)의 최고의 (통변하는) 이치

삼태극의 팔괘로 길흉을 설명하지 않는다. 팔괘의 삼태극은 다만 태극으로 음양을 안에 품고 가만히 있다. 이 세 획으로 이뤄진 小成(소성) 팔괘의 三極이 발동을 해서 여섯 획으로 이뤄진 大成(대성) 64괘가 된다. 天태극의 음양, 地태극의 음양, 人태극의 음양이라는 삼극의 도가 여섯 효가 되고, 이 여섯 효가 움직이게 되는 것이다.

是故 君子 所居而安者 易之序也 所樂而玩者 爻之辭也

是故 君子 居則觀其象而玩其辭 動則觀其變而玩其占

是以自天祐之 吉无不利

이런 고로

군자가 가만히 있으면서 편안한 것은 역의 순서(를 따르는 것)이고,

즐기면서 익힐(가지고 놀) 것은 효사이다.

고로 군자는 가만히 있을 때는 괘상을 들여다보면서 효사를 감상하고,

새로운 일을 도모할 때는 그 변화를 보면서 점을 즐기게 된다.

이로써 하늘이 도우니 길해서 이롭지 않음이 없다.

序(서) : 차례, 단서, 머리말/ 서술하다, 펴다, 따르다, 안정시키다

居則觀其象而玩其辭(거즉관기상이완기사) : 명확한 해독이 필요한 대목이다.

① 거할 때는 그 상을 관찰하여 그 말의 뜻을 새겨보고 (대부분)

② 집에 있을 때는 주역의 상을 관찰하고, 주역의 괘효사를 살피며《주역 본의》

③ 앞뒤 문장을 보면 '거하다'는 말의 의미는 무슨 일을 꾀하지 않고 가만히 있

을 때를 말하며, '동하다'의 뜻은 단순히 움직인다는 의미보다는 무슨 일을 벌

이려고 도모하려 할 때라고 보는 것이 올바른 문맥 파악이다. 정리하면, '가만히 있을 때는 괘상을 들여다보면서 효사를 감상하고'로 해석한다.

動則觀其變而玩其占(동즉관기변이완기점) : 역시 해석의 문맥을 파악하는 것이 중요하다

① 움직일 때는 그 변화를 관찰해서 그 점의 의미를 완미한다. (대부분)

② 행동할 때는 그 변화를 관찰하고 그 점을 완미한다.《주역 본의》

③ 이 부분은 바로 무슨 일을 꾀하려는 시점을 위한 효사이다. 따라서 번역도 그 문맥에 맞아야 한다. 새로운 일을 꾀하게 되면 당연히 그에 따른 변화가 어떻게 나타날지, 어떻게 대비해야 할지 점을 쳐보게 된다. 정리하면, '새로운 일을 도모할 때는 그 변화를 보면서 점을 음미하게 된다'로 해석한다.

玩其占(완기점) : 괘를 만들지 않고도 결과를 미리 아는 경지에 이른 것

自天祐(자천우) : 스스로 노력하면 이에 감응한 다른 힘이 돕는다.

觀其象(관기상) → **玩其辭**(완기사) → **觀其變**(관기변) → **玩其占**(완기점)

● 잘못을 보완하거나 뉘우칠 줄 알면
● 허물이 없다

聖人 設卦 觀象 繫辭焉 而明吉凶 剛柔相推 而生變化

是故 吉凶者 失得之象也 悔吝者 憂虞之象也

變化者 進退之象也 剛柔者 晝夜之象也

六爻之動 三極之道也

彖(단)은 상을 이르고 爻(효)는 변화를 말한다.

길흉은 득실을 이르는 말이고,

뉘우치고 인색하다는 것은 그 작은 결점을 말하며,

잘못을 잘 보완하면 허물이 없게 된다.

彖(단) : 판단하다, 점치다.

　⇒ 원뜻 : 쇳덩어리도 씹고 자를 만큼 튼튼한 이를 가진 동물(쥐과)

彖辭(단사) : 卦象(괘상)에 대한 결론적인 말, 괘에 대해 단정적인 판단을 내린 괘

사를 가리키는 말로 문왕이 지은 것이다.

괘는 변하지 않는다. 효가 변함에 따라 괘도 달라지는 것이니 곧 효가 변하

는 것이다. 이 변하는 효에 대한 말을 써놓은 이가 주공(周公)이다.

인색하다는 것은 길한 데서 나오고, 뉘우친다는 것은 흉한 데서 오는 것

이다. 그래서 뉘우쳐서 길한 데로 가고, 인색해서 흉한 데로 가게 된다.

是故 列貴賤者 存乎位 齊小大者 存乎卦

辨吉凶者 存乎辭 憂悔吝者 存乎介 震无咎者 存乎悔

이런 고로 (여섯 효는) 그 자리에 따라 귀천이 배열되고,

괘사에 따라 크고 작은 괘가 가지런해지며(정해지며),

길흉은 그 (爻에 해당하는) 말에서 판별되고,

뉘우치게 될 것과 인색하게 될 것을 근심하는 경지에 이르면 잘잘못을 가릴 줄 알고,

두려워 떠는 마음으로 뉘우칠 줄 알면 허물이 없다.

憂悔吝者 存乎介(우회린자 존호개) : 연구자마다 해석이 다르다

　① 회린을 벗어날 수 있는 것은 기미(介)에 마음을 두는 데 있고《주역 본의》

　② 회린을 근심하는 것은 사소한 데에 있고《주역 왕필주》

　③ 뉘우침과 인색함을 근심하는 것은 분별하는데 존하고《대산 주역강의》

　④ '介(개)'의 의미가 분별할 수 있는 어떤 경계 지점을 말하므로, 이 지점은 잘될 것과 잘못될 것의 분기점이 된다. 즉, 이 분기점에서 일이 잘될지 또는 잘못될 지를 판별할 줄 안다면, 아무 생각없이 일을 처리하지 않고 혹시라도 일을 처리해서 후회하거나 인색해지게 되지나 않을지 근심하는 경지에 이르게 된

다는 뜻이다. 인간의 심리를 깊이 들여다본 뒤에 내리는 결단을 말하고 있다. 이를 경계라고 해석하면서 '기미'로 보는 경우도 있다. 공자는 기미를 알아차리는 것을 대단히 중요시했다. 정리하면, '뉘우치게 될 것과 인색하게 될 것을 근심하는 경지에 이르면 잘잘못을 가릴 줄 알고'로 해석한다. 다른 해석들은 의미가 애매모호하다.

介(개) : 한 단어지만 다양한 의미를 지니고 있다

① 기개, 꿋꿋하고 당당함. 悔吝(회린)에 이르지 않으려면 기개가 있어야 한다. 즉, 잘못을 뉘우치거나, 뉘우치는데 인색하지 않은 기개

② 경계, 경계선, 한계. 지나침이나 모자람으로 이행해가는 경계. 즉, '悔吝을 근심하는 것은 경계에 있다'는 뜻. 즉, 경계를 넘지 않는다는 말

③ 분별할 개, 분별의 단서(여부), 기미, 見識(견식)

정리하면, '근심하면 (그런 기미가 있으면) 회린에 이르지 않는다'로 쓴다.

震无咎者 存乎悔(진무구자 존호회) :

① 움직여서 허물이 없는 것은 뉘우치는데 존하니 (대부분)

② 무구에 이르름은 후회함에 있다《주역 본의》

③ 결함이 없는 것은 뉘우침에 있다《주역계사 강의》

④ 해석이 여러 가지로 다르게 나오지만, 궁극적으로 파악하는 내용은 대동소이하다. 단지, 우리말로 표현하는데 전혀 이해할 수 없는 문장을 만들어놓은 연구자들도 있다. 우리말 문장이 아니라, 뜻도 제대로 모르면서 한문투의 문장을 나열식으로 배치한 번역이다. 허물이 없는 것은 잘못이 있더라도 뉘우치거나 잘못을 잘 고치기 때문이다. 허물이 있어도 두려워 떨면, 즉 두려워하는 마음으로 반성하고 뉘우치면 허물이 없게 된다는 의미이다. 정리하면, '두려워 떠는 마음으로 뉘우칠 줄 알면 허물이 없다'로 해석한다.

是故 卦有小大 辭有險易 辭也者 各指其所之

이런 고로 괘에는 작고 큰 것이 있고,

사(辭)에는 험하고 쉬운 것이 있으니,

사는 각각 그 도달한 바(경지)를 가리킨다.

五存이 언급되고 있다 : 存位 存卦 存辭 存介 存悔

五言도 나온다 : 言象 言變 言失得 言小疵 言補過

各指其所之(각지기소지) : 원문대로 직역하면 '각각 그 갈 바를 가리킨다'이지만

　　뜻을 새겨보면 '각각 그 도달한 바(경지)를 가리킨다'로 해석한다.

之(지) : 이르다, 도달하다, 끼치다 / 이에, ~의, 그리고 (어조사)

● 천지만물의 생성과
● 변화의 이치를 알 수 있다

易 與天地準 故 能彌綸天地之道
仰以觀於天文 俯伊察於地理
是故 知幽明之故 原始反終
故知死生之說 精氣爲物 游魂爲變
是故 知鬼神之情狀

역은 천지를 본보기로 삼았으니 천지의 도를 모두 끌어넣는다.
위로는 천문을 보고 아래로는 지리를 살폈으므로,
밝게 보이는 것과 감춰져 있는 것이 왜 그런지를 알게 해준다.
처음을 찾아내고 끝이 무엇인지를 알게 되어 생사의 이야기를 알며,
정기가 만물을 낳고, 혼이 떠돌게 되면 변화가 일어남을 알게 되니
이런 고로 귀신의 뜻과 형상을 알게 된다.

- -

彌綸(미륜) : 깁고 짜놓는다, '포괄한다, 끌어넣는다'는 뜻

彌(미) : 얽다, 동그라미 하나를 그린다, 꿰매어 깁다

綸(륜) : 속으로 베짜듯이 짜놓다. 동그라미 위에 끈으로 횡과 종으로 묶는 것

幽(유) : 저승, | 明(명) : 이승

原始反終(원시반종) : 해석 내용은 거의 같으나, 우리말의 쓰임을 이해하기 어렵다

① 원인을 찾아갔는데 결과에 도달하는 까닭으로《주역 본의》

② 시작과 끝을 알기에 《주역계사 강의》

③ 始(시)를 근원으로 하고 終(종)으로 돌아간다. (대부분)

④ 내용상으로는 모두 같은 이치에 도달하게 되어 있으나, 무슨 말인지를 확연히 알 수가 없다. 원문은 '시작하는 처음을 캐물어 찾아가고, 결국 끝이 무엇인지를 알기 위해 마침에 가서 되돌아보니 결국 끝이 다시 시작이라는 것을 알게 된다'는 의미를 담고 있다. 처음을 알게 되고 끝이 어떻게 되는지를 파악했으니, 생사의 이야기도 저절로 알게 된다는 맥락이다. 정리하면, '처음을 찾아내고 끝이 무엇인지를 알게 되어'로 해석한다.

精氣爲物 游魂爲變(정기위물 유혼위변) :

① 정과 기가 합하면 생물이 되고, 혼이 흩어진 것이 변함이 되니 (대부분)

② 깨끗한 기운이 사물이 되고 혼이 떠나서 변하는 지라 《주역 왕필주》

③ 이 부분도 역시 내용상으로 큰 차이는 없어 보이지만, 번역문이 눈에 쏙 들어오지 않는다. 문장은 '기가 정을 만나면 물이 되고, 혼이 떠돌면 변한다'는 의미이다. 정리하면, '정기가 만물을 낳고, 혼이 떠돌게 되면 변화가 일어남'으로 새긴다.

精(정, 陰) + 氣(기, 陽) → 物 : 自無而有 神之情狀, 精氣(정기)가 응결되어 物(물)로 나타난다는 뜻

魂魄(혼백) : 魂(혼, 陽 양) → 昇(승, 오름) + 魄(백, 陰 음) → 降(강, 내림)

鬼(귀) : 돌아감 | 神(신) : 태어남

與天地相似 故不違 知周乎萬物而 道齊天下 故不過

旁行而不流 樂天知命 故不憂 安土敦乎仁 故能愛

(역은) 천지와 더불어 서로 같아 어긋남이 없고,

두루 만물을 알고 있으며 도로써 천하를 구제하니, 지나치지 않는다.

널리 거침없이 행하되 잘못에 빠지지 않으며,

세상을 즐기고 천명을 알기 때문에 근심하지 않는다.

발디딘 땅에 안주하며 어질게 살려고 힘쓰니,

능히 (만물을) 사랑할 수 있다.

旁行而不流(방행이불류) :

① 곁으로 행해도 흐르지 아니해서《대산 주역강의》

② 자유롭게 행하여도 정도에 벗어나지 않고《주역 본의》

③ 온갖 것에 통하면서도 잘못된 곳으로 빠지지 않고《주역 계사강의》

④ 원문을 보면 '두루 행하되 흘러 넘치지 않는다, 또는 널리 통하지 않음이 없되 잘못에 빠지지 않는다'는 의미를 지니고 있다. '널리 행한다'는 말은 '의도한

대로 할 수 있는 여러 가지 일이나 행동을 취해도 음란하거나 이치에 어긋나는 행동에까지 미치지 않는다'는 도의 근간을 얘기하고 있다. 정리하면, '널리 거침없이 행하되, 잘못에 **빠지지** 않으며'로 해석하면 적절하다.

旁(방) : 곁, 도움 / 널리, 두루/ 기대다, 의지하다, 뒤섞이다, 치우다

安土敦乎仁(안토돈호인) :

① 그들의 상황에 만족하고 인을 행하는데 진지하기 때문에《주역 본의》

② 흙에 편안히 해서 어짊을 돈독하게 하다. (대부분)

③ 대지를 본받아 인을 돈독히 하니《주역 계사강의》

④ 원문의 '土(토)'는 글자 그대로의 의미를 지니고 있으며, 상황이나 환경, 대지 등의 간접적인 뜻도 지닌다고 할 수 있다. 정리하면 '발디딘 땅에 안주하고, 어질게 살려고 힘쓰니'로 해석하는 것이 좋다.

範圍天地之化而不過 曲成萬物而不遺

通乎晝夜之道而知

故 神无方而易无體

천지의 모든 조화를 에워싸지만 지나쳐버리지 않고,

만물을 골고루 이루어내면서도 빠뜨리지 않으며,

낮과 밤의 도(이치)를 꿰뚫어 안다.

따라서 신은 일정한 공간에 머물러 있지 않으며

역도 (정해진) 본체가 없다.

範圍(범위) : 에워싸다, 본보기로 좇다, 본떠서 그 이치를 두루 갖추다, 포괄

하다

曲成萬物而不遺(곡성만물이불유) :

① 만물을 곡진히 이루어서 빠뜨리지 아니하며 (대부분)

② 만물을 완전히 완성하여 어떤 것도 남기지 않으며《주역 본의》

③ 만물을 원만하고 완전히 생성시키되 하나도 빠뜨리지 않으며《주역계사

강의》

④ '곡성'을 우리말로 '곡진히 이뤄낸다'고 표현하는데, 이를 좀더 구체적으로 말하면 골고루 빠뜨리지 않고 이뤄낸다는 말이다. 이뤄낸다는 말도 완성시킨다는 뜻인데, 어떻게 써도 상관은 없어 보인다. 정리하면, **'만물을 골고루 이뤄내면서도 빠뜨리지 않으며'**로 해석한다.

曲成(곡성) : 曲盡(곡진)히 이룸

神无方(신무방) :

① 신은 (일정한) 방소가 없고 (대부분)

② 신은 일정한 공간에 제한되지 않고 《주역 본의》

③ 신은 존재하는 곳도 존재하지 않는 곳도 없으며 《주역계사 강의》

④ 역이 천지의 모든 것을 포함하고, 만물을 생성해내고, 음양과 강유의 도를 꿰뚫어 알고 있으니, 이를 주관하는 신은 어느 한 장소에만 존재하지 않는다는 뜻이 된다. 정리하면, **'따라서 신은 일정한 공간에 머물러 있지 않으며'**로 해석한다.

易无體(역무체) : 역은 用(용)을 體(체)로 삼아 용 속에서 체를 볼 수 있다. 따라서 역에 체가 없다는 것은 용이 없다는 뜻이다.

● 도를 완성한 것이
● 본성이다

一陰一陽之謂道
繼之者善也 成之者性也
仁者 見之謂之仁 知者 見之謂之知
百姓 日用而不知 故君子之道鮮矣

한 번은 음으로, 한 번은 양으로 나타나는 것을 도라 한다.
도를 (충실히) 잇는 것을 선이라 하고, 완성한 것을 본성이라 한다.
(도에 대해) 어진 자는 어질다 하고, 지혜로운 자는 지혜롭다 하고,
일반인은 날마다 쓰면서도 도를 알지 못하니 고로 군자의 도는 드물다.

道(도) : 본체로서의 도가 아니라 작용으로서의 도를 말하고 있다. 도의 본체는
하늘(天)이다. 즉, 작용으로서의 도는 음양을 나타낸다. 주자는 주석에서 陰
陽迭運者氣也 其理則所謂道(음양질운자기야 기리즉소위도)라 적고 있다. 이에
따라 道의 의미를 살펴보면 氣(기)의 움직임이 人(인)과 物(물)이 되고, 혼연
한 것이 道와 理(리)이다. 그러므로 인간이 태어나기 이전에 理(리)는 본래 善
(선)했다. 그래서 '道를 이은(충실히 하는) 것이 善이다'라고 한다. 이는 陽에 속
한다. 기질이 이미 정해지면 인간과 사물이 된다. 그래서 '道를 이룬 것이 性
이다'라고 했다. 이는 陰에 속한다.

迭(질) : 번갈아들다

一陰一陽(일음일양) : 한차례 음하고 한차례 양하고, 음양이 번갈아 운행하는,
음양이 갈마드는

繼之者善(계지자선) : 道가 나온 바가 善하지 않음이 없다. 그러나, 善을 행한다
해도 반드시 道에 이르는 것은 아니다.

繼(계) : 잇는다, (음양에 따른) 균형과 조화를 맞춘다, 수행을 쌓아야 가능한 일
이라는 뜻.

成之者性(성지자성) : 이 道를 얻어 이루면 각각 그 성명을 바룬다. 따라서 性을
따라 행하면 道에 이를 수 있다.

性(성) : 본체로서의 性, 본성

⇒ 陰陽이 사귀어 物을 생하고 道가 物을 접해서 善을 생하고, 物이 생하여 음양이 숨고,
善이 서서 道가 보이지 않는다. 선은 도를 계승한 것일 뿐이어서, 도를 배우되 그 계승한
것으로부터 시작하면 도는 온전하지 않다《주역 본의》따라서 性의 본질을 보는 것이 중
요하다. 즉, 性을 따르는 것을 道라고 한다. (性은 道의 형체이다. 邵康節(소강절))

⇒ 남녀 성을 의미하는 성이 아니지만, 이를 남녀의 성으로 오도하는 집단이나 종교단체 들
이 있는데 주의해야 한다.

君子之道 鮮矣(군자지도 선의) : 득도의 경지에 이른 군자의 도는 극히 드물다는 말

百姓日用而不知 故君子之道鮮矣(백성일용이부지 고군자지도선의) : 道는 늘 곁에
있는 데도 미처 깨닫지 못하는 것이 일반인이다. 그러나 道는 그리 어려운
것이 아니다. 雖夫婦之憂 可以與知焉(수부부지우 가이여지언) 부부의 어리석
음으로도 알 수 있는 게 道이다. 雖聖人亦有所不知焉(수성인역유소부지언) 이
란 말처럼 道를 깨우치기 위해 많은 지식이 있어야 가능한 것은 아니란 말
이다.

顯諸仁 藏諸用 鼓萬物而不與聖人同憂
聖德大業 至矣哉 富有之謂大業 日新之謂聖德
生生之謂易 成象之謂乾 爻法之謂坤
極數知來之謂占 通變之謂事 陰陽不測之謂神

(도는) 어진 모습으로 드러나며 쓰임 속에서는 감춰져 있지만
만물을 북돋운다.
(성인이 근심하는 것과 달리) 성인과 더불어 우려하지 않으면서도
그 (도가 이뤄내는) 성덕과 대업이 지극하다.
풍부하게 갖고 있는 것을 대업이라 하고,
날로 새로와지는 것을 성덕이라 한다.
끝없이 생기고 살아나는 것을 역이라 하고,
(하늘의) 상을 완성한 것을 건이라 하며,
(지상의) 법을 본받은 것을 곤이라 한다.
수를 끝까지 살펴보아서 닥쳐올 일을 알아내는 것이 점이고,
변화를 꿰뚫어보는 것을 일이라 하며,
음양으로는 헤아리지 못하는 것을 신이라 한다.

顯諸仁 藏諸用(현저인 장저용) : 연구자마다 의미는 같지만 번역상 차이가 드러

난다.

① 인에서 드러나고, 작용에서 감추어진다 《주역 본의》, 《주역계사 강의》

② 저 인을 나타내며 저 용을 감춰서 (대부분)

③ 자비, 박애 등 仁(인, 어짊)의 형태로 도가 나타나지만, 구체적인 用(쓰임) 속

에서는 숨어 있다. 도의 본체는 볼 수 없지만 쓰임의 측면을 통해 읽어낼 수 있

다. 따라서 도는 어진 모습을 띠고 나타난다. 또, 쓰일 때는 드러나지 않고 보

이지 않는 것이 도이다. 정리하면, '(도는) 어진 모습으로 드러나며, 쓰임 속에서

는 감춰져 있어'로 해석한다.

諸(제, 저) : 제(음) 모두, 무릇, 저(대명사) / 저(음) 어조사, 김치, 장아찌

鼓(고) : 어루만지다, 북돋우다, 기를 불어넣어 부풀리다

極數知來之謂占(극수지래지위점) : 이 문장의 해독은 極자를 어떻게 새기느냐에

따라 달라진다

① 수를 극해서 오는 걸 아는 것을 점이라 이르고 (대부분)

② 숫자로써 다가올 일을 미리 아는 것을 점이라 하고 《주역계사 강의》

③ 대부분의 연구자들은 수를 괘의 차례, 또는 음양의 늙음(老)과 젊음(小)을

나타내는 숫자 등으로 보고 있다. 이같은 숫자의 경계의 끝 부분까지 살펴보

고 파헤치면 미래를 보여주는 단서들을 찾을 수 있다는 얘기이다. 정리하면,

'수를 끝까지 살펴보아서 닥쳐올 일을 알아내는 것이 점이다'로 해석한다.

極(극) : 지극하다, 끝까지 하다, 경계를 넘다

⇒ 예) 숫자를 지극히 하여, 숫자를 넘어서, 숫자를 끝까지 미루어, 궁구하여

11 謂(위)**가 나옴** : 謂道, 謂仁, 謂知, 謂大業, 謂聖德, 謂易, 謂乾, 謂坤, 謂占,

謂事, 謂神

通變之謂事(통변지위사) :

① 통변하는 것을 사업이라 하며《주역계사 강의》

② 변화를 아는 것을 일이라 한다《주역 본의》

③ 변해서 통하게 되는 것을 일이라 하고 (대부분)

④ 일(事)은 점이 이미 결정된 것이다. 따라서 미래를 아는 것은 일에 따르는 변화를 알아야 가능하다. 즉, 통변이 가능해야 사업을 할 수 있다는 말이다. 정리하면, '변화를 꿰뚫어보는 것을 일이라 한다'로 해석한다. 이를 달리 해석하면 '점은 수를 끝까지 살펴보아서 닥쳐올 일을 알아내는 것이고, 사업은 변화를 꿰뚫어 보아야 하는 것이다'로 할 수도 있다.

通變(통변) : 變通(변통)의 이치에 통달한 후 다시 변화를 주도해나가는 것을 通變이라 한다. 變通과는 다른 뜻임. 變과 通을 알아야 卜(복)을 하지 않고도 미리 앞으로의 일을 알 수 있다. 變通할 수 없으면 운용이 불가하다.

● 역에는 천지간의
● 모든 것이 들어 있다

夫易 廣矣大矣

以言乎遠則不禦 以言乎邇則靜而正 以言乎天地之間則備矣

夫乾 其靜也專 其動也直 是以大生焉

夫坤 其靜也翕 其動也闢 是以廣生焉

廣大配天地 變通配四時

陰陽之義配日月 易簡之善配至德

대저 역은 넓고 커서,

멀기로 말하면 끝간 데 없고, 가까운 곳은 고요하면서 바르게 있어

천지간의 모든 것을 갖추고 있다.

무릇 건은 고요함이 한결같고, 그 움직임이 곧아서 크게 살아난다.

무릇 곤은 고요할 땐 오므라들고, 움직이면 열리니 넓게 살아난다.

넓고 큰 것은 천지와 똑같고,

변하여 통하는 것은 사계절에 견줄 수 있으며,

음양의 뜻은 일월과 걸맞고,

쉽고 간결해서 좋은 것은 (천지의) 지극한 덕과 짝한다.

- -

以言乎遠 則不禦(이언호원 즉불어) :

① 먼 데를 말해도 다함이 없고《주역 본의》

② 먼 곳에서도 멈추지 않고《주역 왕필주》

③ 멀기로 말하면 한계가 없고《주역계사 강의》

④ 내용은 다 비슷한데, 우리말로 풀어놓고 읽어보면 무슨 말인지 잘 모를 번역들이 있다. 먼데까지 가보아도 끝이 보이지 않을 정도로 멀다는 의미를 쉽게 담아내기가 어려운 표현인 듯하다. 정리하면, '멀기로 말하면 끝이(끝간 데) 없고 (막힌 데가 없으니 막지 못하고)'로 해석한다.

禦(어) : 막다, 금하다 不禦言無盡

翕(흡) : 합하다, 모으다, 당기다

闢(벽) : 열다, 개간하다

廣大配天地 變通配四時(광대배천지 변통배사시)

陰陽之義配日月 易簡之善配至德(음양지의배일월 이간지선배지덕)

　⇒ 하늘과 땅, 사계절, 해와 달 등은 모두 짝하는 천지의 현상이 있다. 이를 같고, 견주고, 걸맞고, 짝하는 것으로 벌여놓고 있다.

配(배) : 나누다, 짝짓다, 걸맞다, 견주다

● 도를 깨치려면
● 본성을 들여다볼 수 있어야 한다

子曰 易 其至矣乎 夫易 聖人所以崇德而廣業也

知崇禮卑 崇效天 卑法地

天地設位而 易行乎其中矣 成性存存 道義之門

공자가 말하기를

"역은 지극하구나.

역은 성인이 덕을 숭상하고 사업을 넓히기 위해 쓰이는 것이다.

지혜를 숭상하되 하늘을 대하듯 하고,

예절은 (나를) 낮추는 것이니 땅에서 본받는다.

하늘과 땅이 자리를 정하면 역의 변화가 그 가운데서 일어나니

완성된 본성을 보존하고 살피는 것이 도의의 시작이다."

天地設位而 易行乎其中矣(천지설위이 역행호기중의) :

① 천지가 자리를 펴거든 역이 그 가운데 행하니 (대부분)

② 천지가 자리잡으니 역이 그 사이에서 행해진다 《주역계사 강의》

③ 주자는 주석에서 天地設位而變化行 猶知禮存性而道義出也(천지설위이변

화행 유지예존성이도의출야) 라고 했는데, 역은 결국 변화가 일어날 때 어떻게

대처해야 하는지를 알려주는 지침이 된다는 뜻이다. '천지가 자리를 잡는다'는 말은 건곤이 제자리에 위치한 뒤에 역의 괘와 효가 시작된다는 의미이다. 그리고, 천지가 자리를 잡고 나면, 효의 변화를 통해 정해진 괘의 변화상을 살피고 점치는 일이 따르게 된다. 정리하면, '하늘과 땅이 자리를 정하면 역의 변화가 그 가운데서 일어나니'로 해석한다.

存(존) : 존재하다, 살아있다, 보존하다, 보살피다, 관리하다

成性存存 道義之門(성성존존 도의지문) :

① 완전한 본성을 보존하고 보존함은 도의의 문이다《주역 본의》

② 성성존존은 도의의 문이다《주역계사 강의》

③ 본성은 도를 완성한 상태이다. 따라서 도의의 문을 들어가려면 본성을 살피는 일이 가장 중요하다. 완성된 상태의 본성을 유지해야 하기 때문이다. 따라서, 도의는 완성된 본성을 보존하고 살피는 데서 시작한다는 말이다. 정리하면, '완성된 본성을 보존하고 살피는 것이 도의의 시작이다'로 해석한다.

● 인간사에서 가장 중요한 것이
● 말과 행동이다

聖人 有以見天下之賾 而擬諸其形容 象其物宜 是故謂之象
聖人 有以見天下之動 以觀其會通 以行其典禮 繫辭焉 以斷
　　其吉凶 是故 謂之爻
言天下之至賾 而不可惡也 言天下之至動 而不可亂也
擬之而後言 議之而後動 擬議以成其變化

성인이 하늘 아래 (천지에서) 심오한 이치를 보고,

그 비슷한 모습으로 나타냈으며

사물의 마땅히 그래야 함을 본떴기 때문에 이를 상이라 한다.

성인이 천하의 움직임을 보고,

그 (움직임이) 집중되고 관통하는 곳을 파악하여 법칙으로 삼았으며

이에 (설명하기 위해) 글을 붙여 길흉을 판단하게 하니 이를 효라 한다.

세상의 지극히 심오한 것에 대해 말하되 싫증나게 하지 않으며,

세상에서 변화에 도달한 것에 대해 말하되 어지럽게 하지 않는다.

비슷하게 그려본 다음에 말하고,

(역에 의거해) 구별해본 후에 움직이니 이렇게 하여 변화를 완성한다.

賾(색) : 깊숙하다, 심오하다, 복잡하다, 뒤섞이다.

　⇒ 천하의 오묘한 비밀, 심오한 이치, 사물의 혼돈스런 모양 등의 의미로 쓰임

擬諸其形容(의제기형용 또는 의저기형용) :

　① 그 형용을 베끼고《주역 본의》

　② 생겨난 모양을 비겨보며 (대부분)

　③ 어려운 뜻은 아닌데 우리말이 어렵다. 깔끔하게 해독하면, '그 비슷한 모습으로 나타냈으며'로 한다.

擬(의) : 비기다, 비교하다, 본뜨다, 흉내내다, 모방하다,

　⇒ '(성인이 본떠 만든 상과) 비슷하게 해보다'는 의미

象其物宜(상기물의) : 천지간의 사물은 시시각각으로 변한다. 어제의 내가 오늘의 내가 아니듯이 우주 만물 모두가 그 때의 적확한 자체를 표현할 수가 없다. 따라서, 그 개체가 마땅히 그래야 함을 지닌 모습을 비슷한 모습으로 나타내어 상을 볼 수 있게 하는 것이다.

以觀其會通 以行其典禮(이관기회통 이행기전례) :

　① 그 움직임의 모이고 통함을 관찰하여 그 법과 예를 시행하고 (대부분)

　② 그것을 회통시켜 하나의 전례로 삼고자 했다.《주역계사 강의》

　③ 천하의 움직임은 변화가 일어나는 지점이니, 움직임이 모이고 통하는 것을 관찰한다는 말은 변화가 일어나는 지점을 관찰한다는 뜻이라 할 수 있다. 즉, 변화가 집중되고 관통하는 지점을 파악하여 이를 전례로 삼아 이와 비슷하거나 다른 경우를 비겨보아 길흉을 점치게 한다는 것이다. 정리하면, '그 (움직임이) 집중되고 관통하는 곳을 파악하여 법칙으로 삼았으며'로 해석한다.

典(전) : 법칙

禮(예) : 실제 그대로 변동없이 행하는 그런 禮

擬之而後言 議之而後動(의지이후언 의지이후동) :

　① 비겨본 후에 말하고 따져본 뒤에 움직이니 (대부분)

② 형상으로 구체화시킨 후 말하고 자세히 검토한 후에 움직인다. 《주역계사강의》

③ 내용은 다 근접하고 있다. 그러나 단락 첫 부분의 문맥을 보면 성인이 비슷한 모습으로 상을 드러내놓았으니, 말하려고 하는 대상에 대해서는 그 비슷한 모습으로 머릿속에 한번 그려보고 나서 그에 대한 판단으로 말한다는 신중함을 얘기하고 있다. 또, 움직이는 것은 변화를 이루는 것이기 때문에 그러기 전에 대상이나 사안들에 대해서 역의 이치에 맞는지 검토하고 분간해보는 과정을 거친 뒤에 행하게 된다는 것을 말하고 있다. 정리하면, '비슷하게 그려본 다음에 말하고, (역에 의거해) 구별해본 후에 움직이니'로 해석한다.

議(의) : 의논하다, 토의하다, 분간하다, 가리다

'鳴鶴在陰 其子和之 我有好爵 吾與爾靡之'
子曰 君子居其室 出其言善則 千里之外應之 況其邇者乎
居其室 出其言不善則 千里之外違之 況其邇者乎
言出乎身 加乎民 行發乎邇 見乎遠
言行 君子之樞機 樞機之發榮辱之主也
言行 君子之所以動天地也 不可愼乎

〈風澤中孚괘 九二 효사〉

"어미 학이 그늘에서 울고 그 새끼 학이 화답하도다. 내게 좋은 잔이 있어 너와 더불어 마시고자 한다."

공자가 말하기를

"군자가 자기 집에서 좋은 말을 하면 천리 밖에서도 응하니 하물며 가까운 데서랴. 집에서 한 말이라도 좋지 않으면 천리 바깥에서도 어긋남이 있으니 하물며 가까운 데서랴. 말은 나에게서 나와 다른 사람에게 미치며, 행동은 가까운 데서 나오지만 오래 멀리까지 (영향을) 끼친다. 말과 행동은 군자에게 가장 중요하며 말하고 행동하는 것이 명예와 욕됨을 좌우한다. 군자는 말과 행동으로 세상을 움직일 수 있으니 어찌 삼가지 않을 수 있겠는가."

- -

我有好爵 吾與爾靡之(아유호작 오여이미지) : 해석이 방향에 따라 전혀 다른 2갈

래로 나뉜다.

① 내게 좋은 술잔이 있으니 내가 너와 함께 마시리라《주역 본의》

② 내게 좋은 벼슬이 있어서 너와 더불어 나눈다《주역 왕필주》

③ 이 효사는 풍택중부괘의 구이효에 대한 공자의 말이다. 그러나 이 효사에 대해 주자도 '무엇을 말하는지 알 수 없다'고 하였다. 〈어류〉 이를 감안하면 이 문장이 지니는 정확한 의미가 쉽게 풀리지는 않는다. 단지, 이 단락은 군자의 말과 행동이 어떠해야 하는지에 대해 말하려 하고 있다. 따라서 계사전에 들어있는 이 글에 대한 해독은 첫 번째 것을 취한다. 정리하면, '내게 좋은 잔이 있어 너와 더불어 마시고자 한다'로 해석한다.

好爵(호작) : 酬酌(수작) 술을 권커니 잣커니 하는 것.

靡(미) : 쓰러지다, 금지하다, 호사하다, 다하다, 얽다

出(출) : 나오다, 내놓다, 드러내다

加(가) : 더하다, 미치다, 베풀다

行發乎邇 見乎遠(행발호이 견호원) : 원문대로는 '가까운 곳에서 나와 먼 곳에서까지 드러난다'로 해독하지만 정확한 뜻을 찾아본다면

① 행동은 가까운데서 발하여 먼데서 나타난다 (대부분)

② 행위는 비근하고 사소한 것이라도 오랫동안 영향을 미친다《주역계사 강의》

③ 바로 앞 구절에서 '말이 다른 사람에게 영향을 끼친다'고 한 점을 보면, 행동도 마찬가지임을 알 수 있다. 즉, 작은 행동이라도 남에게 큰 영향을 미칠 수 있고, 멀리에까지도 영향을 끼칠 수 있다는 말을 하고 있다. 정리하면, '행동은 가까운 곳에서 나오지만 오래 멀리까지 (영향을) 끼친다'로 해석한다.

邇(이) : 가깝다

'同人 先號咷而後笑'

子曰 君子之道 或出或處或默或語

　　二人同心 其利斷金 同心之言 其臭如蘭

〈天火同人괘 九五 효사〉

"동인괘는 처음은 부르짖어 울고 나중에는 웃는다"

공자가 말하기를

"군자의 도는 나아가기도 하고(出) 머물기도 하며(處)

침묵하기도 하고(默) 말하기도 하나(語),

두 사람이 마음을 같이하면 그 예리함이 쇠를 끊을 만하고,

한 마음에서 나오는 말은 그 향기가 난초와 같다"

- -

號(호) : 부르짖다

咷(도) : 울다

同人(동인) : 마음을 같이하여 사업하는 이들을 가리켜 同人(동인)이라 한다

其利斷金 其臭如蘭(기리단금 기취여란) : 이 구절에서 金蘭(금란) 이라는 '매우 친
　　밀한 사귐이나 우정'을 뜻하는 말이 나왔다.

'初六藉用白茅 无咎'

子曰 苟錯諸地而可矣 藉之用茅 何咎之有 愼之至也

夫茅之爲物 薄而用 可重也 愼斯術也 以往 其无所失矣

〈澤風大過괘의 初六 효사〉

"初六은 깔 자리로 흰 띠를 쓰니 허물이 없다"

공자가 말하기를

"진실로 땅에 놓아도 되거늘 밑에 띠를 써서 받치니

무슨 허물이 있으리오. 신중함이 지극하다.

무릇 띠의 물건 됨이 얄팍하나 쓰임은 중요할 수 있으니

이런 방법으로 신중히 행하면 실수가 없을 것이다"

苟(구) : 진실로

錯(조) : 두다(=措), 어긋날 착

愼斯術也 以往 其无所失矣(신사술야 이왕 기무소실의) :

① 이 방법을 삼가서 행하면 (대부분)

② 신중함이란 비록 작은 수단에 불과하지만 만사에 신중히 처신한다면 영원

히 과실이 없을 수 있다. 《주역계사 강의》

③ 斯術(사술), 즉 '이 방법'이란 '사소한 것도 쓰임을 중요시하면' 이란 앞 구절
의 뜻을 담고 있다. 따라서 이같이 신중히 행하면 잘못되는 일이 없을 것이라
는 뜻이다. 정리하면, '이런 방법으로 신중히 행하면 실수가 없을 것이다'로 해
석한다.

'勞謙 君子有終吉'

子曰 勞而不伐 有功而不德 厚之至也 語以其功下人者也

德言盛 禮言恭 謙也者 致恭 以存其位者也

〈地山謙괘 九三 효사〉

"수고로운 일을 하고도 자랑삼지 않으니 그 결과가 좋고 길하다"

공자가 말하기를

"수고하고도 내세우지 않으며 공이 있어도 (자신의) 덕으로 여기지 않음은 지극히 후덕함이니, 공로가 있으면서도 남보다 아래 있으려 한다. (겸손을 나타낸다) 덕은 성대함을 말하고, 예는 공손함을 가리키니 겸손하다 함은 공손함으로 그 지위를 보존하는 것이다."

君子有終吉(군자유종길) : '有終(유종)'이란 단어에 대한 우리말 해석이 중요하다

① 군자가 마침이 있어 길하다. (대부분)

② 군자가 좋은 결과가 있어 길하다. 《주역 본의》, 《주역계사 강의》

③ 원문대로 하면 '군자가 마침이 있어 길하다'이지만, 마침이란 '이룸이 있다', '완성이 있다'는 뜻이다. 이룸이 있다는 구절도 '좋은 결과가 있다'는 뜻이니 '군

자가 이룸이 있어(또는 좋은 결과가 있어) 길하다'로 번역하는 것이 좋다. 정리하면, '그 결과가 좋으니 길하다'로 해석한다.

伐(벌) : 치다, 비평하다, 자랑하다

語以其功下人者也(어이기공하인자야) : 두가지의 전혀 다른 해석으로 갈리고 있다.

① 공이 있으면서 남의 아래에 낮춤을 말한다. (대부분)

② 자신의 공을 아랫사람에게 돌리는 것이다. 《주역계사 강의》

③ 語(어)는 단순히 '말하다, 알리다, 설명하다'라는 뜻으로 쓰이고 있고, '下人(하인)'을 어떻게 해독할 것인가가 관건이다. 대부분은 '나를 남의 아래로 낮춘다'는 뜻으로 새기고 있다. 그러나 '나의 공을 남에게 돌린다'는 해석은 이와는 전혀 다르다. 그런데 공을 남에게 돌린다로 해석하기에는 한자의 쓰임이 명확치 않다. 그리고 이 단락은 자기를 낮추는 것으로 공손, 겸손을 설명하고 있어 첫 번째 해독이 더 적절하다. 정리하면, '공로가 있으면서도 남보다 아래 있으려 한다. (겸손을 나타낸다)'로 해석한다.

禮言恭(예언공) : 恭(공)은 자신을 낮추고 철저히 관리하는 것이요, 반면, 敬(경)은 남을 높이거나 관대하게 대하는 것으로 恭敬은 모두 禮에서 나온다.

‘亢龍有悔’

子曰 貴而无位 高而无民 賢人在下位而无輔 是以動而有悔也

〈重天健괘 上九 효사〉

“하늘 높이 올라간 용이니 뉘우침이 있다”

공자가 말하기를

“귀하지만 지위가 없으며, 높아도 따르는 사람이 없고,

어진 사람이 아래에 있으나 돕지 않는다.

이로써 움직일 때마다 뉘우치게 된다”

- -

亢龍有悔(항룡유회) : 주역 64괘의 첫 괘인 건괘의 상구 마지막 효에 붙인 글이

다. 내용은 거의 같으나 현대어로 번역할 것인가 말 것인가에 따른 해독의

차이가 있다.

① 높이 올라간 용이 뉘우침이 있다. (대부분)

② 하늘 높이 도달한 용은 고질적 병폐가 있다. 《주역계사 강의》

③ 계사전에서 쓰이는 길흉을 나타내는 말에는 ‘길흉회린무구’ 등이 있다. 이

가운데 길흉은 말 그대로 좋거나 나쁜 상태를 말한 것이고, 회(뉘우치다)와 린(인색하다, 궁색하다)은 좀 다른 의미를 지닌다. 약간의 병폐라는 의미를 지닌 것이 회린이다. 회는 뉘우치면 무구하다고 정의하고 있다. 즉, 일단 잘못이 있더라도 뉘우치면 허물이 없다고 인정해주는 것이다. 계사에 보면 '길흉은 득실의 상이요, 회린은 우우(憂虞)의 상이오 강유는 주야의 상이다' 라고 쓰고 있다. 언뜻 보면 서로 연관이 없는 것 같으나 자세히 보면 그것들이 서로 밀접한 관계가 있는 것을 알 수 있다. 길흉과 회린은 서로 연관관계가 있는데 회는 흉으로부터 길로 나아가는 것이고, 인은 길로부터 흉으로 나아가는 것이다. 길한 곳에서 계구(戒懼)할 줄 모르면 스스로 욕보게 되고, 욕을 보면 흉해지고 흉을 벗어나고자 하면 후회해야 한다.

길흉과 회린은 역에 쓰이는 말이다. 얻고 잃고 근심하고 걱정하는 것은 일의 변화이다. (도를) 얻으면 길하고 잃으면 흉하다. 근심과 걱정이 비록 흉에는 이르지 않았으나 후회에 이르러 부끄러움을 당한다. 대개 길흉은 상대적이고 회린은 그 중간에 있다. 회는 길로부터 흉으로 나아가는 과정이고 인은 길로부터 흉으로 나아가는 과정이다. 그러므로 성인은 괘효의 가운데에 혹 이같은 상이 있으면 이 괘효사를 달았다.

이 단락은 뉘우쳐야 하는 상황을 엮어놓은 문장들로 구성되어 있다. 따라서 후회될 정도의 잘못이 있다는 뜻으로 보아야 한다. 정리하면, '하늘 높이 올라간 용이니 뉘우쳐야 할 정도의 잘못이 있다'로 해석한다.

‘不出戶庭 无咎’

子曰 亂之所生也 則言語以爲階 君不密則失臣 臣不密則失身

幾事不密則害成 是以君子愼密而不出也

〈水澤節괘 初九 효사〉

“문밖에 나가지 않으면 허물이 없다”

공자가 말하기를

“어지러움이 일어나는 것은 말이 실마리가 되는 것이니 왕이 면밀하지 못하면 신하를 잃으며 신하가 면밀하지 못하면 몸을 망치고 일을 살피는데 비밀스럽게 행하지 않으면 이룸에 해가 되니 이로써 군자는 삼가고 면밀히 하여 (비밀이) 나가지 않게 한다.”

不出戶庭 无咎(불출호정 무구) :

① 문밖을 나가지 않으니 탈이 없을 것이다 (대부분)

② 방안에 틀어박혀 꼼짝도 않으니 허물이 없다 《주역계사 강의》

③ 주역 64괘 중의 하나인 수택절괘에서는 조신해야 하는 점괘이므로 초구부터 나돌아다니지 말라고 시작한다. 결과적으로는 문 밖으로 나돌아 다니지

말라는 것보다는 생각을 함부로 드러내지 말라는 뜻도 포함하고 있다. 정리하면, '문 밖에 나가지 않으면 허물이 없다'로 해석한다.

亂之所生也 則言語以爲階(난지소생야 즉언어이위계) :

① 어지러움이 생기는 것은 언어로써 단계가 되는 것이니 (대부분)

② 난이 일어나는 것은 그 말이 씨앗이니《주역계사 강의》

③ 난의 발생은 언어가 그 뇌관이다《주역 본의》

④ 나라에 난이 일어나고, 사회와 개인에게도 어지러운 일이 발생하는 이유는 말이 그 원인이 된다는 뜻이다. 이 장의 전체 주제가 말과 행동을 조심하라고 계속 강조하고 있다. 여기서 階(계)의 의미를 '사다리, 단계'로 하는 것은 어울리지 않고 '실마리'라는 뜻으로 풀어보는 게 좋을 듯하다. 정리하면, '어지러움이 일어나는 것은 말이 실마리가 되는 것이니'로 해석한다.

階(계) : 실마리, 연고, 사다리, 섬돌

幾(기) : 몇, 그, 어찌, 조용히 / 낌새, 기회 / 살피다

子曰 作易者 其知盜乎 易曰 ‘負且乘 致寇至’

負也者 小人之事也 乘也者 君子之器也 小人以乘君子
之器

盜思奪之矣 上慢下暴 盜思伐之矣 慢藏 誨盜 冶容誨淫

易曰 ‘負且乘 致寇至’ 盜之招也

〈雷水解괘 六三 효사〉

공자가 말하기를

"역을 지은 사람은 도적의 심보를 아는구나. 역에 이르되 ‘짊어진 데다가 (말을) 탔으니 도적이 노리게 되어 있다’고 하니 (등에) 지는 것은 소인의 행할 바이고 (말을) 타는 것은 군자의 기물이다. 그런데 소인이 군자의 기물을 탔기 때문에 도적이 (이를) 빼앗으려 한다. 윗사람에게 거만하고 아랫사람에게 난폭하면 (다른) 도적이 칠(빼앗을) 것을 생각한다. 감춤을 게을리 하면 도적을 끌어들이며 용모를 야하게 하면 음란함을 가르치니 역에 ‘짊어지고서 (말을) 탔으니 도적을 이르게 했다’고 하니 도적을 불러들인 것이다."

盜思奪之矣… 盜思伐之矣(도사탈지의, 도사벌지의) :

① (도둑이 빼앗음을 생각하고), 도둑이 칠 것만을 생각한다. (대부분)

② (도둑이 보고서 강탈할 생각을 품고), 몰래 그를 제거할 생각을 한다. 《주역계사 강의》

③ 연결된 문장이 아니지만, 비슷한 문구여서 같이 해독해본다. 분수에 맞지 않는 행위를 하면 그것을 노리고 이득을 취하려는 도둑이 나타나게 마련이다. 또, 나라와 사회를 경영함에 있어 힘이 셀 때 겸손하지 않고 윗사람에게까지 거만하게 굴거나, 아랫사람에게 포악하게 구는 자에게는 더한 도적이 나타난다는 의미를 담고 있다. 앞 구절에서는 탐욕이 있는 곳에 도둑이 나타나고, 뒷 구절에서는 부도덕한 사회에 도적이 나온다는 말을 하고 있다. 정리하면, '(도적이 빼앗으려 하고), 도적이 칠 것을 생각한다'로 해석한다.

慢(만) : 거만하다, 게으르다, 느슨하다, 업신여기다

冶(야) : 다듬다

誨(회) : 가르치다, 인도하다, 유인하다, 회개하다

● **변화의 길을 파악하면**
● **신과도 만날 수 있다**

天一地二 天三地四 天五地六 天七地八 天九地十

天數五 地數五 五位相得 而各有合

天數二十有五 地數三十

凡天地之數 五十有五 此所以成變化 而行鬼神也

하늘 하나 땅 둘, 하늘 셋 땅 넷, 하늘 다섯 땅 여섯,

하늘 일곱 땅 여덟, 하늘 아홉 땅 열.

하늘의 수가 다섯이고 땅의 수가 다섯이며,

홀수는 홀수대로 짝수는 짝수대로 합하면

하늘의 숫자가 25이고, 땅의 숫자가 30이니

그래서 하늘과 땅의 숫자가 모두 55가 된다.

이 숫자가 변화를 일으켜 귀신을 오가게 한다.

行(행, 항) : 행(흠) 다니다, 행하다, 보다, 관찰하다 / 항(흠) 늘어서다, 조잡하다

大衍之數五十 其用四十有九 分而爲二以象兩
卦一以象三 揲之以四以象四時 歸奇於扐以象閏
五歲再閏 故再扐而後掛

크게 펼친 수가 50이니 그 쓰임은 49까지이다.
(시초를) 둘로 나누어 양의(음과 양)를 나타내고,
(왼손 손가락에) 하나를 걸어 삼재를 형상하며
넷씩 세어서 사계절을 삼고,
나머지를 손가락에 끼워 윤달을 나타내니
다섯 해에 두 번 윤달이 드는 고로 두 번 반복하고 괘를 건다.

衍(연) : 넓다, 넓히다, 퍼지다, 넘치다
揲(설) : 세대, 맥짚다, 가지다, 쌓이다
扐(륵) : 손가락 사이 / 손가락 사이에 끼우다
閏(윤) : 윤달, 잉여

乾之策 二百一十六 坤之策 百四十有四

凡三百有六十 當期之日

二篇之策 萬有一千五百二十 當萬物之數也

건의 책수가 216이고 곤의 책수가 144여서

합하여 360이니 한해의 날수가 되고

두편의 책수를 (음양 각각 32로 곱해) 더하면 11,520이니

이는 만물의 숫자이다.

策(책) : 꾀, 채찍, 대쪽, 산가지, 점대, 지팡이

凡(범) : 무릇, 전부, 모두, 대강

⇒ 만물의 수를 계산하는 방법은 두가지가 있다 :

① 위에서 나온 것처럼 64괘를 음양 둘로 나누면 각각32개가 되고, 이를 건의 책수 216, 곤의 책수 144와 각각 곱하면 11,520이라는 숫자가 나온다. 주역에서는 이를 만물의 숫자라고 한다.

② 다른 방법은, 주역은 모두 384효가 있는데, 이를 음양 둘로 나누면 192가 나온다. 음의 192를 노음수 24책으로 곱하고, 양의 수 192를 노양수 36책으로 곱하면 음효가 4608책, 양효가 6912책이 나온다. 이를 합하면 만물의 수인 11,520책이 된다.

是故 四營而成易 十有八變而成卦

八卦而小成 引而伸之 觸類而長之 天下之能事畢矣

顯道神德行 是故 可與酬酢 可與祐神矣

子曰 知變化之道者 其知神之所爲乎

이같이 각각을 네 번 경영하여 하나의 역(變)을 이루고

열여덟 번을 변하면 하나의 괘가 이루어진다.

팔괘로 (세상을) 작게 만든 뒤, 끌어넣어 펴고 유형별로 확장하면

세상의 모든 가능한 일을 (괘로) 완성할 수 있게 되어,

(역이) 도를 드러내고 덕행을 신비롭게 해준다.

신과 더불어 수작할 수 있으며 또 신의 조화를 도울 수 있다.

공자가 말하기를 "변화의 도를 아는 자는 신이 행하는 바를 알 수 있다"

四營而成易(사영이성역) :

　① 사영으로써 하나의 효를 얻으며《주역계사 강의》

　② 네 번씩 운영해서 역을 이루고 (대부분)

　③ 다 같은 해독을 하고 있다. 네 번 경영한다는 말은 (1) 한번은 둘로 가르고

　(2) 이번엔 왼손가락에 걸고 (3) 다시 한 번 세고 (4) 다른쪽 한번 세고 해서 사

영이라 하기도 한다. 또는 (1) 49책을 둘로 나누고 (2) 오른쪽 시초 중 하나를 왼손에 걸고 (3) 왼쪽 시초를 세고 남은 것을 왼손에 또 끼우고 (4) 오른쪽 시초를 세고 남은 것을 왼손에 다시 끼우는 네가지 단계를 역시 사영이라 하기도 한다. 이 사영을 한번 이룬 것을 일변이라 하고, 변을 세 번 반복하면 효가 하나 나온다. 이를 여섯 번 반복하면 여섯 효가 만들어지니, 모두 18번의 변 작업을 하면 하나의 괘가 만들어진다. 네 번 경영하여 하나의 변을 이루고 이를 세 번 반복하여 하나의 효가 만들어진다고 하는 것이 정확한 표현이다. 정리하면, '네 번 경영하여 하나의 역(변)을 이루고'로 해석한다.

八卦而小成 引而伸之 觸類而長之(팔괘이소성 인이신지 촉류이장지) :

① 팔괘로 작게 이루어, 이끌어 펴서 종류를 더듬어 펴나가면《주역 왕필주》등 대부분

② 팔괘는 소성한 것이다. 인(引)해서 연역하고 유(類)에 따라 펼치니《주역 본의》

③ 팔괘로써 우주적 현상을 간략히 총괄하여 유형별로 확대해나가면《주역 계사 강의》

④ 앞에서 18번의 변 작업을 반복해서 하나의 괘를 얻었는데, 주역은 이같은 괘를 64개를 만들어 점을 치는데 활용하고 있다. 그런데 이 64괘의 기본은 세 개의 효로 이뤄진 괘 여덟 개, 즉 팔괘이다. 주역은 팔괘가 우주적 현상을 모두 표현하고 있다고 가정하고 있다. 일단 세상사의 유형을 작게 하여 팔괘로 만들고, 이 팔괘에 다시 세상사를 끌어들여 넣고 펴고 하는 작업을 하면 팔괘가 중첩되면서 주역이 제시하는 64괘가 만들어진다. 이를 변화의 유형별로 더 확장시켜보면 주역이 말하는 만물의 수인 11,520개의 경우의 수가 나오게 된다. 이를 표현한 문장으로 판단된다. 정리하면, '팔괘로 (세상을) 작게 만든 뒤,

끌어넣어 펴고 유형별로 확장해나가면'으로 해석한다.

畢(필) : 마치다, 완성하다, 다하다/ 마침내, 모두

⇒ 팔괘는 지금 우주의 모습을 '하나의 기호'로 보여주는 상징적 의미를 지닌다.

顯道神德行(현도신덕행) :

① 도를 드러내고 덕행을 신기롭게 한다. (대부분)

② 이렇게 하면 형이상의 도와 신의 작용이 드러나 《주역계사 강의》

③ 도를 나타내고 신덕을 행사함이라 《주역 본의》

④ 8괘를 만들고 이를 확장하여 64괘를 완성하고 더 나아가 만물을 표현할 수 있는 경지에까지 이르면, 역에서는 도를 드러나게 하고 덕행을 신비롭게 해준다는 뜻으로 풀이한다. 정리하면, '(역이) 도를 드러내고 덕행을 신비롭게 해준다'로 해석한다.

顯(현) : 나타나다, 드러나다, 명확하다, 밝다

可與酬酢(가여수작) : 酬는 사람이 신에게 묻는 것(또는 주인이 술을 마시고 그 잔을 손님에게 주는 것)이며, 酢은 신이 사람에게 답하는 것(또는 손님이 주인에게 술잔을 돌리는 것)을 말한다. 시초점을 함으로써 신과 사람이 서로 화답하는 경지에 이름을 말한다.

獻(헌) : 주인이 손님에게 술을 권하는 것

酢(작) : 손님이 주인에게 술잔을 돌리는 것

酬(수) : 주인이 술을 마시고 다시 손님에게 술을 권하는 것

〈그림 3〉伏羲 六十四卦方圓圖 (복희 육십사괘 방원도)

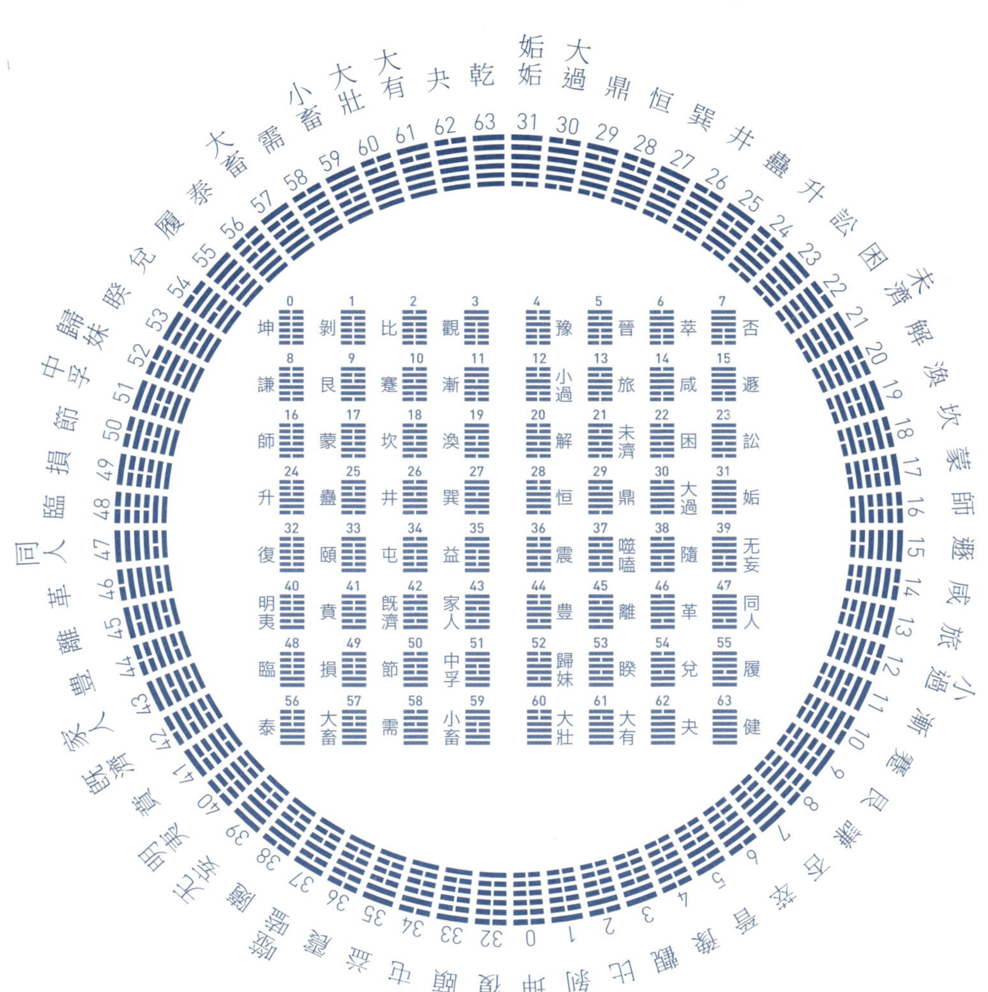

● 일어날 듯 말 듯한 기미 조차도
● 소홀히 하지 않는다

> 易 有聖人之道四焉
> 以言者尙其辭 以動者尙其變
> 以制器者尙其象 以卜筮者尙其占
> 是以君子將有爲之 將有行之 問焉而以言 其受命也如嚮

역에 성인의 도가 네 가지 있으니,

말하려는 자는 (역의) 사를 존중하고,

움직이려는 자는 그 변화를 따르며,

기구를 만들려는 자는 그 상을 본뜨고,

점을 치려는 자는 그 점사를 숭상한다.

이로써 군자가 장차 무슨 일이나 행동을 하려 할 때

역에게 말로 묻고 이에 대해 가르침으로 답을 받는데

역의 가르침이 마치 메아리와 같다.

問焉而以言 其受命也如嚮(문언이이언 기수명야여향) : 연구자마다 서로 다른 맥락
으로 이해하고 있다.

① 물은 것에 따라 말하니, 역이 물음에 대답하는 것이 메아리가 응답하는 것
과 같아 (대부분)

② 물어서 (신이) 말을 하거든, 그 명을 받음이 울리는 것 같아서 《대산 주역 강의》

③ 물어서 말로써 하고, 그 명을 받음에 울림과 같아서 《주역 본의》

④ 역에 의거해 미리 상황을 파악하는데, 그 반응이 마치 메아리와 같다. 《주역계사 강의》

⑤ 번역문을 보아도 어떻다는 것인지가 명확치 않다. 무슨 일이나 행동을 하려 할 때 역에 물어보는 것이 당연한 이치일 것이다. 그러면 역에게 물을 때는 말로 묻는다는 얘기인가, 말로 물으면 그 답을 역이 또 말로 해주는가, 아니면 명을 내린다는 얘기인가.

하나하나 풀어보자. 우선 미래를 알고자 할 때는 역에게 물어본다. 그 묻는 방법은 시초점으로 괘를 묻는 것이라고 봐야 한다. 이 때 괘로써 알려주는 것을 말로써 묻고 답한다고 표현한 것으로 보는 게 타당하다. 여기서의 말(言)이란 글이나 일상적인 언어로서의 말을 얘기하는 것이 아니라, 소통의 수단으로서의 상징성을 지닌 말을 의미한다. 그 대답을 命(명)으로 받게 되는 것이다. 命은 명령이라기 보다는 '말 또는 가르침'의 의미로 쓰이고 있다. 따라서, 其受命也如嚮(기수명야여향)에서 受命(수명)은 '가르침을 받는다'는 뜻이다. 또, 메아리로 들려온다는 말은, 신의 가르침이 괘의 형태로 나오면 시초점을 친 사람에게 그것이 어떤 의미를 지니는지가 마치 '메아리가 들리듯이 감응이 온다'는 뜻으로 풀이된다. 정리하면 '역에게 말로 묻고 이에 대해 가르침으로 답을 받는데, 역의 가르침이 마치 메아리와 같다'고 해석한다.

命(명) : 목숨, 명령, 운수, 성질, 가르침, 말, 언약, 하늘의 뜻

无有遠近幽深 遂知來物 非天下之至精 其孰能與於此

參伍以變 錯綜其數 通其變 遂成天地之文

極其數 遂定天下之象 非天下之至變 其孰能與於此

易无思也 无爲也 寂然不動 感而遂通天下之故

非天下之至神 其孰能與於此

멀거나 가깝거나 어둡거나 깊은 것까지도 (상관없이)

마침내 다가올 것이 무엇인지를 알게 해주니,

정교함이 지극하지 않다면 누가 능히 이렇게 함께 할 수 있으리오.

(시초점에서 하나의 효를 만드는) 삼변과 (일변을 위한)

다섯 단계 변화와 (시초점을 하여 나온) 숫자를 계산하면,

그 변화를 꿰뚫어보게 되어 드디어 세상의 말뜻을 파악하고,

그 수를 끝까지 연구하여 세상의 형상을 정하니,

변화가 지극함에 이르지 않았다면 누가 능히 이렇게 할 수 있으리오.

역은 생각하거나 행하지 않고 고요히 움직이지 않다가

일단 감응하면 세상의 모든 이치를 꿰뚫어 보게 되니

신묘함이 지극하지 않았다면 누가 능히 이렇게 할 수 있으리오.

參伍以變(삼오이변) : 명확히 한가지로 결론을 내리기 어려운 구절이다. 그만큼

연구자마다 해독이 다르다.

① 삼과 오로써 변하며 (대부분)

② 삼효와 오효의 변화《주역계사 강의》

③ 삼과 오라는 숫자가 이 구절에서는 다소 서로 다른 의미로 번역된다. (1) 첫 번째는, 삼은 태극을 상징하는 산가지에 세 무더기를 놓는 것을 말하고, 오는 산가지를 조작하는 다섯 단계라는 주장과 (2) 두번째는, 우주 안에 빈틈없이 빽빽하게 서서 가지런한 모양인 삼(密密叢立 參差不齊)과 자연 중의 성질이 다섯으로 되어 있는 것을 나타낸다는 주장이고 (3) 세 번째는, 삼효와 오효의 변화라는 주장이다. 주자도 이에 대해서는 명확한 답을 내지 못하고 있다. 모두 일리는 있지만 굳이 한가지를 선택하면, 첫 번째를 택한다. 정리하면, '(시초점에서 하나의 효를 만드는) 삼변과 (일변을 위한) 다섯 단계 변화'로 해석한다.

錯綜其數(착종기수) : 여기에도 두가지로 해석이 갈리고 있다.

① 그 수를 계산(錯綜)한다.《주역 본의》

錯者 交而互之 一左一右之謂也, 綜者 總而挈之 一低一仰之謂也

② 착괘와 종괘로써《주역계사 강의》

③ '그 수를 錯綜(착종)한다'는 말은 (1) '四象(사상, 노양 소양 노음 소음)의 숫자가 여섯 효 중에 섞여 있다'는 뜻이기도 하고 (2) '그 수를 계산한다(꿰맞춘다)'는 뜻이라 보기도 하고 (3) '(괘를 구하기 위해 시초점을 하여 나온) 숫자를 계산하여' 등으로 나눠볼 수 있다. 이중에서 세 번째를 선택하여, '(괘를 구하기 위해 시초점을 하여 나온) 숫자를 계산하여'로 해석한다.

挈(설) : 손에 들다, 새기다, 알다, 이끌다

錯(착) : 어긋나다, 꾸미다, 섞다, 번갈아, 서로 번갈아 쓰다 / 섞여 교호케 하는 것. 一左一右. 베짤 때 왔다갔다 하는 것(북 : 베틀에서 날실의 틈으로 왔다갔다

하면서 씨실을 푸는 기구. 베를 짜는 데 중요한 역할을 하며 배 모양으로 생겼다)

綜(종) : 모으다, 통합하다 / 잉아(베틀의 굵은 실), 총괄하여 셈하는 것. 구분하여 처리하는 것. 一低一昻. 베짤 때 실을 나르는 것(바디 : 살의 틈마다 날실을 꿰어서 베의 날을 고르며 북의 통로를 만들어 주고 씨실을 쳐서 베를 짜는 구실을 한다)

通其變, 極其數(통기변 극기수) :

① 그 변화를 꿰뚫어, 그 수를 천착해《주역계사 강의》

② 그 변함을 통해서, 그 수를 극해서 (대부분)

③ 그 변화를 알아, 그 수를 궁구하여《주역 본의》

④ 해석은 모두 같다고 할 수 있다. 이 구절의 의미가 중요하다. 천하의 무슨 일도 미리 정해져 있는 것은 없다. 항상 변화하고 있기 때문이다. 따라서 변화하는 것과 통하는 것이 가중 중요하다. 그리고 나서 그 통변이 數(수)로 나타나는데, 그 수가 변화를 다하면 더 이상의 미정됨이 없이 확정된 형상이 나타난다. 이를 알아내는 것이 바로 역의 주요 기능이다.

夫易 聖人之所以極深而研幾也

唯深也 故能通天下之志

唯幾也 故能成天下之務

唯神也 故不疾而速 不行而至

子曰 易 '有聖人之道四焉者' 此之謂也

무릇 역은 성인이 깊이 파헤쳐서 기미(낌새)를 연구한 결과이다.

오직 심원하기 때문에 능히 세상의 뜻을 꿰뚫어 보고,

기미를 알기 때문에 능히 세상의 일을 완성하며,

신묘하기 때문에 서두르지 않아도 빠르며 가지 않아도 도달하니

공자가 말하기를 "역에 성인의 도가 네가지가 있다"라고 함은 이를 말한다.

唯幾也 故能成天下之務(유기야 고능성천하지무) :

① 오직 미묘하므로 천하의 일거리를 이룰 수 있으며《주역 왕필주》

② 오직 일의 기미를 연구한 까닭으로 천하의 임무를 완성하며 (대부분)

③ 기미이기 때문에 천하의 모든 일을 이룰 수 있고《주역계사 강의》

④ 幾는 주역에서 여러 번 나오는데, 점을 치는 데에서 대단히 중요한 역할을 하는 것으로 설명되고 있다. 포착하기가 쉽지 않으면서도 미묘한 '기미'를 깊이

연구했으니 세상의 일을 완성할 수 있다는 뜻이다. 앞의 '唯深也(유심야)' 구절은 괘의 뜻을 설명했으며, 이 구절은 효의 뜻을 설명한 것으로, 다음의 唯神也(유신야) 구절은 시초의 덕을 설명한 것으로 풀이하기도 한다. 정리하면, '기미를 알기 때문에 능히 세상의 일을 완성하며'로 해석한다.

幾(기) : 기미, 낌새, 조짐. 움직임이 있기 전에 그 낌새를 어렴풋이 나타내는 것. '氣의 움직임'으로 파악할 수도 있다. 이 幾를 파악할 수 있으면 항상 앞서가거나, 다가올 일을 예측할 수 있다.

不疾而速 不行而至(부질이속 불행이지) : 서두르지 않아도 빠르고 (시간) 행하지 않아도 이른다 (공간)

네 가지 성인의 도 : 无思, 无爲, 極深, 硏幾 (마지막 구절)/ 言, 動, 制器, 卜筮 (辭, 變, 象, 占) (첫 구절)

- **하늘의 뜻을 알면**
- **길흉도 좌우할 수 있다**

子曰 夫易 何爲者也

夫易 開物成務 冒天下之道 如斯而已者也

是故 聖人以通天下之志 以定天下之業 以斷天下之疑

공자가 말하기를

"대저 역은 무엇을 하는 것인가? 역은 만물을 드러내고

(세상의) 일을 완성하는 것이니 세상의 도가 모두 그 가운데 들어 있다.

단지 이같은 것일 뿐이다."

이런 고로 성인이 역으로써 천하의 뜻을 꿰뚫어보며

세상의 사업을 정하며 모든 의심스런 일을 판별한다.

開物成務 冒天下之道(개물성무 모천하지도) :

① 사물을 열고 업무를 이루어서 천하의 도를 덮나니 (대부분)

② 만물을 개발하여 인간세상을 완성하는 것으로 천하의 도리 중에서 으뜸된다.《주역계사 강의》

③ 卜筮(복서)하여 일을 완수하여 천하의 도를 포함하는 것이《주역 본의》

④ 開物(개물)을 어떻게 해독할 것인가가 첫 과제이다. 開物成務 謂使人卜筮

以知吉凶而成事業 사람들로 하여금 卜筮(복서) 하고 길흉을 알아서 사업을 완성하게 하는 것으로 개물을 점치는 것으로 보는 수도 있다. 즉, 사람들로 하여금 길흉을 알기 위해 점을 치도록 하는 것을 개물로 해독하는 것이다. 반면, 한자 그대로 만물을 열어, 만물을 점서의 대상으로 한다는 해독이 가능하다. 여기서는 후자를 따른다. 또 하나, 冒(모)의 해독이다. 원문대로 하면 '천하의 모든 도를 덮는다(포괄한다)'로 새길 수 있다. 이 의미를 좀더 명확하게 하면 '천하의 도가 모두 역의 가운데에 들어 있다'가 된다. 정리하면, '만물을 드러내고 (세상의) 일을 완성하는 것이니, 세상의 도가 모두 역의 가운데 들어 있다'로 해석한다.

冒(모) : 무릅쓰다, 덮다, 가리다

是故 著之德 圓而神 卦之德 方以知 六爻之義 易以貢

聖人以此洗心 退藏於密 吉凶與民同患

神以知來 知以藏往 其孰能與於此哉

古之聰明叡智神无而不殺者夫

이런 고로 시초의 덕은 원만하면서 신묘하고,

괘의 덕은 (괘의 내용을) 사방의 공간에 알게 해주며,

육효는 (효의 뜻을) 가르쳐주어 바꾼다.

성인이 이렇게 함으로써 마음을 닦고 물러나

비밀스럽게 감춰두지만 사람들과 더불어 길흉을 같이 근심하며,

앞날을 신묘하게 알면서도 아는 것을 이미 지난 일로 감추어두니

누가 능히 이와 함께 하리오.

옛날 총명하고 지혜가 밝으며 대단한 무예를 가지고도

사람을 죽이지 않는 자만이 그럴 수 있을 뿐이다.

卦之德 方以知(괘지덕 방이지) :

① 괘의 덕은 모양을 갖춰 알려주고 (대부분)

② 괘의 작용은 사방 미치지 않는 곳이 없다. 《주역계사 강의》

③ 시초점의 덕과 기능을 언급하고 나서 역의 괘가 지닌 능력과 기능을 말하고 있다. 괘가 지닌 덕, 능력은 方以知(방이지)이다. 方은 앞에서도 나왔듯이 사방 공간의 방향성을 지닌 단어이다. 여기서는 사방 공간에 미친다는 뜻으로 볼 수 있다. 또, 지는 지혜롭다거나 알려준다는 의미가 좋다. 정리하면, '**괘의 덕은 (괘의 내용을) 알려서 사방의 공간에 미치며**' 즉, '사방의 공간에 알게 해주며'로 해석한다.

易以貢(역이공) : 효가 변화를 일으켜 여러 가지 작용을 알려주는 데, 이를 나타낸 말로 '효의 뜻을 가르쳐줌으로써 바꾼다'로 해석할 수 있다. 이 문장에 나타난 著德圓神, 卦德方知, 爻義易貢 3가지 덕목을 성인이 주역을 통해 작역하는 근본으로 보기도 한다.

貢(공) : 바치다, 이바지하다, 고하다

　⇒ 貢 告也 六爻變易以告吉凶 《주역 왕필주》

退藏於密(퇴장어밀) : 어떤 상태로 남아 있는지에 대해 연구자마다 차이를 보인다.

① 물러나 은밀한데 감추며 (대부분)

② 물러나 조용한데 있어도 《주역 본의》

③ 아무 것도 없는 상태로 비워두며 《주역계사 강의》

④ 성인은 앞 구절에 나온 著德圓神, 卦德方知, 爻義易貢 3가지 덕목으로 작역하는데, 특별한 일이 없을 때는 여기서 얻은 것을 심중에 깊이 감춰두고 있지만, 사람들이 길흉을 겪게 되면 같이 근심하게 된다는 뜻이다. 정리하면, '**물러나 (역에서 얻은 비밀스런 내용을) 비밀스럽게 감춰두지만**'으로 해석한다.

知以藏往(지이장왕) : 연구자마다 나름 의미있는 번역을 해놓았다.

① 지혜로워 과거를 잊지 않으니 《주역 본의》

② 지혜가 있어도 보통 사람처럼 살아가니 《주역계사 강의》

③ 지혜로써 간 것을 갈무리하나니 《주역 왕필주》

④ 역시 앞 구절과 맥을 같이 하는 문장. 성인은 역을 통해서 앞으로 일어날 일들을 꿰뚫고 있지만 자기가 알고 있는 사실을 남들에게 자랑삼아 얘기하거나 그를 이용해 입신영달을 꾀하지 않는 사람이라는 것이다. 그래서 앞날을 신묘하게 알면서도 그 지혜를 감추어둔 채, 아는 척하고 나서지 않는다는 내용이다. 정리하면, '아는 것을 이미 지난 일로 감추어두니 (아는 척하고 나서지 않으니)'로 해석한다.

聰(총) : 귀가 밝다 ㅣ 明(명) : 눈이 밝다

聰明, 叡智, 神武 : 하늘이 내린 성인의 자질

是以明於天之道 而察於民之故
是興神物以前民用 聖人以此齊戒 以神明其德夫

그러므로 하늘의 도를 밝히고, 사람들의 삶을 살핀다.
그리고 신묘한 물건을 일으킨 뒤 사람들이 삶에 쓰게 하였다.
성인이 이에 단정히 하고 경계하여, 그 덕(능력)을 신묘하고 밝게 하였다.

神物以前民用(신물이전민용) :

① 신물을 일으켜 백성 앞에 쓰게 하니 (대부분)

② 신묘한 물건을 만들어 선조들의 일용품으로 삼게 했으니 《주역 본의》

③ 신물을 일으켜 사람들의 삶을 보다 윤택하게 하는 것이다. 《주역계사 강의》

④ 성인은 천도를 밝히고 사람들이 어려움은 없는지를 살피게 됐으니, 卜筮(복서)를 행하지 않을 수 없게 됐다. 이를 위해 신묘한 물건 또는 卜筮의 도구를 만들고, 사람들이 이용할 수 있도록 한다. 정리하면, '**신묘한 물건을 일으킨 뒤 사람들이 생활에 쓰게 하였다**'로 해석한다.

神物 :

① 신묘한 물건, 방대한 역사적 사업

② 시초와 거북이. 이것들로 卜筮를 지어 사람들을 가르치고, 이에 재계하여

점으로 미래를 보게 했다

齊戒 이 글자보다는 齋戒가 나을 듯하다.

齊(재) : 가지런하다, 단정하다, 경계하다, 재계하다

⇒ **齋(재)** : 재계하다, 몸과 마음을 깨끗이 하다

戒(계) : 경계하다, 삼가다

是故 闔戶謂之坤 闢戶謂之乾
一闔一闢謂之變 往來不窮謂之通
見乃謂之象 形乃謂之器
制而用之謂之法 利用出入民咸用之謂之神

이런 고로 문을 닫는 것을 곤이라 하며,

문을 여는 것을 건이라 부르고,

한번 닫고 한번 여는 것을 변한다고 하며,

가고 옴에 막히지 않는 것을 통한다고 한다.

(외부로) 나타나는 것을 상이라 하고,

형체를 갖춘 것을 기라 하며,

제도로 만들어 이용하는 것을 법이라 하고,

(건곤의 문을) 모든 사람이 출입에 이용하는 것을 신이라 말한다.

闔(합) : 문짝, 하늘문 / 닫다

闢(벽) : 법률 / 열다, 개척하다

利用出入民咸用之謂之神(이용출입민함용지위지신) :

　① 늘 이용하여 백성이 모두 쓰는 것을 신묘하다고 한다. 《주역 본의》

② 이롭게 써서 드나들며 백성이 다 쓰는 것을 신이라 이른다.《주역 왕필주》

③ 이용의 법칙을 깨달아 모든 사람들이 사용하는 것을 신이라 한다.《주역계사 강의》

④ 주자 집주에 法者 聖人修道之所爲 而 神者 百姓自然之日用也 라 하고 있다. 법이란 성인이 갈고 닦아서 하는 바이고, 신이란 백성이 자연스럽게 일상적으로 사용하는 것을 말한다고 주석하고 있다. 신의 정의가 생각지도 않게 간단하게 내려져 있다. 원문을 자세히 보면, 첫 단락에서 하늘과 땅(건곤)을 이루는 것이 門(문)이라고 했고, 이 문을 드나들면서 자유롭게 이용하는 것이 신이라 하고 있다. 즉, 하늘과 땅의 문을 자유로이 드나들면서도 별다른 의식없이 행동하도록 하는 것이 신이라는 얘기이다. 신을 신기하게 바라보는 것이 아니라, 우리가 늘 가까이 하고 있음을 나타내준다. 정리하면, '(건곤의 문을) 모든 사람이 출입에 이용하는 것을 신이라 한다'로 해석한다.

是故 易有太極 是生兩儀 兩儀生四象 四象生八卦
八卦定吉凶 吉凶生大業
是故 法象莫大乎天地 變通莫大乎四時 縣象著明莫大乎日月
崇高莫大乎富貴 備物致用 立成器以爲天下利 莫大乎聖人
探賾索隱 鉤深致遠 定天下之吉凶 成天下之亹亹者 莫大乎
　　著龜

이런 고로 역에 태극이 있고, 태극이 양의를 낳고,

양의가 사상을 내고, 사상이 팔괘를 만드니

팔괘가 길흉을 정하며 길흉이 대업을 이룬다.

이런 고로 법상으로 천지보다 큰 것이 없고,

변하고 통하는 것으로 사계절보다 큰 것이 없고,

상을 갖추고 밝음을 드러내는 것으로 해와 달보다 귀한 것이 없다.

숭고한 것으로 부귀보다 더한 것이 없고,

물건을 갖추어 사용케 하고 도구를 만들어

천하를 이롭게 하는 것으로는 성인보다 위대한 것이 없다.

깊숙한 데까지 뒤지고 보이지 않는 곳까지 추적하여

깊이 감춰진 것과 먼 곳에 있는 것까지 끌어내고 도달하여

세상의 길흉을 정하며 힘써 해야 할 많은 일들을 성사시키는 것으로

시초점과 거북점보다 큰 것이 없다.

法(법) : 원리에 대한 모방

神(신) : 일반 사람의 자연스런 일상의 사용

⇒ 문장에 나타난 象 形 器 法의 순서와 관계를 보면 추상적 형태인 象이 가장 먼저이고, 이를 구체적 형질로 드러낸 것이 形이고, 물질로 나타나 있는 것이 器이라 할 수 있다. 이 가운데 象이 만들어지기까지 法이 작용하고, 象이 形이 되는데도 法이 작용하고 있는 것을 알 수 있다.

探賾索隱(탐색색은) : 깊숙한 데까지 찾고 보이지 않는 곳까지 추적하여

賾(색) : 깊숙하다, 심오하다

鉤深致遠(구심치원) : 깊숙한 데 있는 것과 먼 곳에 있는 것까지 끌어내고 도달하여

鉤(구) : 갈고리, 끌어올리다, 당기다

定天下之吉凶 成天下之亹亹者(정천하지길흉 성천하지미미자) :

① 천하의 길흉을 정하며 천하의 힘써야 할 것을 달성하는 것으로는 (대부분)

② 천하의 길흉을 정하고 또 수없이 많은 일을 성사시키는 것은《주역계사 강의》

③ 길흉을 정하는 것으로 시초점과 거북점이 가장 중요하다는 데는 이견이 없다. 문제는 그 다음 문장이다. 힘써야 할 많은 것들을 성사시키는데도 이 점보다 중요한 것이 없다는 게 무슨 뜻인가. 이는 이미 卜筮하여 길흉을 알게 되면 그를 보고 그동안 힘써왔던 일들을 중단할 수가 없다. 즉, 길흉을 알고 진행했던 일들에는 무엇보다 완성시키기 위해 집중적으로 힘쓰게 되는 것이 당연한 이치이다. 따라서, 힘써서 해야 할 많은 일들을 완성(성사)시키는 데도 복서는 결정적인 역할을 하게 된다는 의미이다. 정리하면, **'세상의 길흉을 정하며, 힘써 해야 할 많은 일들을 성사시키는 것으로'**라고 해석한다.

亹亹(미미) : 힘쓰다, 부지런하다, 아름답다

是故 天生神物 聖人則之 天地變化 聖人效之
天垂象 見吉凶 聖人象之 河出圖 洛出書 聖人則之
易有四象 所以示也 繫辭焉 所以告也 定之以吉凶 所以斷也

이런 고로 하늘이 신묘한 물건을 내리니
성인이 이를 배우고 하늘과 땅이 변화를 보이니 성인이 본받으며
하늘이 드리운 상에서 길흉을 보고 이를 상으로 그렸다.
하도와 낙서가 나오자 이를 모범으로 삼았다.
역에는 사상이 있어 (괘와 효를) 보여주며,
여기에 글을 붙여 (괘와 효의 뜻을) 알려주었다.
그 글에 길흉을 정해 놓아 판단할 수 있게 했다.

● 변하고 통하는
● 일의 주체는 사람이다

易日 '自天祐之 吉无不利'

子日 祐者 助也 天地所助者 順也 人之所助者 信也

履信思乎順 又以尙賢也 是以自天祐之 吉无不利也

〈火天大有괘의 上九 효사〉

역(易)에 이르되 '하늘이 도와 길하여 이롭지 않음이 없다' 하니

공자가 말하기를 "하늘은 순리를 따르는 자를 돕고

사람은 신의가 있는 자를 도우니 믿을 수 있도록 실천하고

하늘의 순리를 생각하며 또 어진 이를 존경하면

하늘이 도와서 길하여 이롭지 않음이 없다."

履(이) : 밟다, 신다, 겪다, 행하다

履信(이신) : 신을 행하다, 믿음을 실천하다

子曰 書不盡言 言不盡意 然則聖人之意 其不可見乎
聖人立象以盡意 設卦以盡情僞
繫辭言以盡其言 變而通之以盡利 鼓之舞之以盡神

공자가 말하기를
"글은 말을 다하지 못하며 말은 뜻을 다하지 못한다."
그렇다면 성인의 뜻은 가히 알 수 없는 것인가?
공자가 말하기를
"성인이 상(象)을 세워서 그 뜻을 나타내고,
괘(卦)를 베풀어서 참과 거짓을 다 밝히며,
글을 붙여서 그 하고자 한 말을 전하고,
변화하고 통하면 이로움이 있음을 알리며,
(사람들을) 고무시켜 신묘함을 다한다."

鼓舞(고무) : 북을 두드리고 춤을 추게 함, 주역에서는 이 단어가 여러번 나오며,

여러 가지로 중요한 뜻으로 쓰이고 있다.

① 지혜가 가득 차 극도로 승화되어야만 신을 알 수 있다는 뜻으로 해석하고

있다.

② 일을 추진하도록 북돋고 고무시킴으로써 신의 힘을 알게 한다.

鼓之舞之以盡神(고지무지이진신) :

① (일을) 고무시켜 신을 드러냈다. 《주역 본의》

② 고무시켜 신묘함을 다한다. (대부분)

③ 첫 문장에서 공자가 '성인의 뜻은 가히 알 수 없는 것인가'하고 자문한데 대한 대답의 형식을 취하고 있다. 즉, 성인은 상을 세우고 괘를 배열하면, 계사를 달아 길흉을 알려주고 그리고는 사람들이 주어진 일을 함에 있어서 힘써 완성하도록 고무시키는 일까지 신묘하게 해낸다는 답변이다. 정리하면, '(사람들을) 고무시켜 신묘함을 다한다'로 해석한다.

乾坤其 易之縕邪 乾坤成列 而易立乎其中矣

乾坤毁則无以見 易不可見 則乾坤或幾乎息矣

是故 形而上者謂之道 形而下者謂之器

化而裁之謂之變 推而行之謂之通 舉而錯之天下之民謂之
　　　事業

건과 곤은 역의 핵심이다.

건곤이 배열되면 역은 그 가운데 있는 것이니,

건곤이 허물어지면 역을 볼 수 없고,

역을 볼 수 없다면 건곤의 변화도 거의 멈추게 된다.

이런 고로 형체 위에 있는 것을 도라 하고,

형체 아래에 있는 것을 기라 말한다.

바뀐 모습으로 결정하는 것을 변한다 하고,

추진하면서 실행할 수 있는 것을 통한다 하며,

(일을) 일으켜 세워 세상에 혜택을 주는 것을 사업이라 이른다.

縕(온) : 헌솜, 솜옷, 삼, 모시 / 그윽하다, 깊숙하다, 갈무리하다

　⇒ 솜의 태(胎), 요체, 핵심으로 해석

邪(사, 야, 여, 서) : 사(音) 사악하다, 간사하다 / 야(音) 어조사, 그런가 여(音) 나머지

易不可見 則乾坤或幾乎息矣(역불가견 즉건곤혹기호식의) :

① 역을 볼 수 없으면 거의 변화가 행해지지 않으리라 (대부분)

② 역을 볼 수 없다면 건곤이 거의 종식된 것인지도 모른다《주역계사 강의》

③ 앞 구절에서 건곤이 허물어지면 역을 볼 수 없다고 했다. 따라서 역을 볼 수 없다면 어떻게 될까가 궁금해진다. 여기서 '건곤이 허물어진다'는 말이 무슨 뜻일까, 주자는 이를 '乾坤毀 謂卦劃不立'으로 주를 달고 있다. 괘획이 그려지지 않는다는 얘기다. 점을 쳤는데 괘획이 나오지 않는 희귀한 사태가 발생한 것이다. 그래서 '건곤이 거의 숨을 쉬지 않는다'는 말은 변화가 이뤄지지 않는다는 뜻이 된다. 한편, 다른 연구자들은 건곤이 허물어지면 '텅 비어 있으니 아무 것도 존재하지 않는다' 또는 '만물이 있을 수 없고 천지가 공허하게 된다'고 궁구하고 있다. 그러나, 주역에서 공자가 말하는 '건곤이 허물어진다'는 말은 주자의 주장이 옳은 듯하다. 따라서 역을 볼 수 없다는 말은 변화를 볼 수 없고, 알 수도 없고, 일어나지도 않는다는 뜻으로 새긴다. 정리하면, **'역을 볼 수 없다면 건곤의 변화도 거의 멈추게 된다'**로 해석한다.

化而裁之 謂之變(화이재지 위지변) :

① (자연이) 화하는데 (인간이) 이를 재단하는 것을 변이라 하고《주역 본의》

② 변화시키고 잘라버리는 것을 변이라 하고《주역계사 강의》

③ 많은 연구자들이 '자꾸 화해서 만들어내는 것을 변이라 한다'고 해석하고 있으나, 이게 무슨 말인지가 명확지 않다. 변화에 대해서 사실은 그동안의 논의보다 상당히 구체적인 정의를 내리고 있는 구절인데도 해독이 헷갈리고 있는 것이다. 주자는 이를 因其自然之化而裁制之 變之義也 (자연의 化로 인하여 재단하는 것이 변이다) 라고 주석하고 있다. 역시 무슨 말인지 아리송하다.

계사전 전체를 감안하여 이 문장을 다시 구성해보면, 무언가가 되어갈(이루어질, 또는 변해갈) 때 되어버린 모양으로 재단하는(마름질하는) 것, 즉 바뀌고 있을 때 바뀔 최종 모양이 무엇인지를 가름해서 그 모양으로 바뀌어 확정되는 것, 그래서 바뀐 모양으로 새로 자리잡아서 나타나는 것, 이를 화이재지라 한다. 아래 變의 의미를 보면 이를 확연히 알 수 있다. 알게 모르게 변하는 것(化)이 아니라, 바뀐 것을 확실히 알 수 있게 결과가 바뀌어 나타나는 것을 말한다. 정리하면, '바뀐 모습으로 결정하는 것을 변한다고 한다'로 해석한다.

變(변) : 필요하거나 불필요한 것을 재단함, 맥이 끊어져서 변하는 것이 보인다. 미미한 것으로부터 드러난 것으로 가는 것. 음으로부터 양으로 가는 것. 《어류》갑에서 을로 바뀌는 과정《주역해의》

化(화) : 점진적으로 변화하는 것 또는, 알게 모르게 변화해 보이지 않는다. 성대함으로부터 쇠퇴로 가는 것. 양으로부터 음으로 가는 것. 《어류》갑이 변하여 을로 완성된 것《주역해의》

變化는 進退의 상이다 : 진은 유로부터 강으로 가는 것이고, 퇴는 강으로부터 유로 가는 것이다

通(통) : 추진하면서 일이 꼬이지 않고 가능할 수 있도록 만드는 것

措(조) : 두다, 놓다, 베풀다, 도와주어 혜택을 받게 하다, 일을 차려 벌이다

擧而措(거이조) : 일으켜세우고(擧) 안정시키다(措)로 해석하기도 한다.

是故 夫象 聖人有以見天下之賾 而擬諸其形容

象其物宜 是故 謂之象

聖人有以見天下之動 而觀其會通 以行其典禮

繫辭焉以斷其吉凶 是故 謂之爻

極天下之賾者 存乎卦 鼓天下之動者 存乎辭

化而裁之 存乎變 推而行之 存乎通 神而明之 存乎其人

默而成之 不言而信 存乎德行

이런 고로 상이라는 것은

성인이 천하의 도리를 보고 그 형용과 비슷하게 모방하고,

사물이 마땅히 그래야 함을 본뜨기 때문에 상이라 일컫는다.

또, 그 움직임이 집중되고 관통하는 곳을 파악하여 법칙으로 삼았으며

글을 붙여서 길흉을 판단하기 때문에 효라 한다.

천하의 도리를 궁구한 것은 괘에 그렸고,

움직임을 고무시키는 것은 말에 넣었으며,

바뀐 모습으로 결정하는 것은 변에 보존해놨고,

추진하면서 실행할 수 있는 것은 통에 담았다.

(변통을) 신명스럽게 밝히는 주체는 사람이고,

조용히 이루고 말하지 않아도 믿을 수 있는 것은

(그 사람의) 덕행에 달려 있다.

賾(색) : 깊숙하다, 심오하다

神而明之 存乎其人(신이명지 존호기인) :

① 신명스럽게 밝히는 것은 그 사람에 달려 있고 (대부분)

② 신묘하고 밝게 하는 것은 사람이고《주역계사 강의》

③ 이 구절을 좀더 구체적으로 설명하면 '신을 체득하여 밝힘은 상을 빌리는 것이 아니라, 그 사람에게 달려 있는 것이다'라는 해석이다. 그래도 그 말이 무슨 뜻인지 명확지 않다. 주자는 卦爻所以變通者在人 人之所以能神而明之者在德 (괘효가 변통하는 이유는 사람에게 있다. 사람이 능히 神하여 이를 밝히는 근거는 德에 있다) 이라고 주석을 달고 있다. 이제 해석의 실마리가 잡히는 듯하다. 앞 구절에서 괘와 효에 담긴 내용을 요약했고, 계사에 길흉을 담았으며 결정하고 실행하는 것은 변통에 달려 있다고 전제를 깔아놨다. 이제 그 방대한 일들을 신명스럽게 밝히는 일이 남았는데, 이를 역시 사람이 하게 된다는 것이 주역의 결론이다.

결국 주역이라는 역서를 보면서 점을 치고 예측하는 일의 주체는 사람이라는 뜻이다. 사람이 읽을 수 있는 주역이라는 책이 나온 이유이다. 정리하면, '(변통을)신명스럽게 밝히는 주체는 사람이다'로 해석한다.

3장
계사전 (繫辭傳)
下

● 인간사에서 귀하게 여기는 것은
● 바른 자리이다

八卦成列 象在其中矣 因而重之 爻在其中矣
剛柔相推 變在其中矣 繫辭焉而命之 動在其中矣
吉凶悔吝者生乎動者也 剛柔者立本者也 變通者趣時者也
吉凶者 貞勝者也 天地之道 貞觀者也 日月之運 貞明者也
天下之動 貞夫一者也

팔괘가 열을 이루니 상이 그 가운데 있다.

팔괘를 중첩하면 효가 그 가운데 드러난다.

강함과 부드러움이 서로 밀어내니 변화가 그 가운데서 일어나고,

(괘에) 글을 붙여 (길흉을) 알리니 그 안에 변화가 들어 있다.

길흉과 회린은 움직임이 있는 곳에서 생기고,

(괘 안에서) 강함과 부드러움은 (효의) 근간을 바로 세우는 것이며,

변통은 때를 맞춰 다다르는 것이다.

길흉은 올곧음으로 이겨낼 수 있으며,

천지의 도는 바르게 보이며,

일월의 도는 바르게 밝히며,

세상의 움직임은 항상 바른 이치를 따른다.

繫辭焉而命之(계사언이명지) : 연구자마다 해석이 다르다.

① 계사하여 말하니 《주역 본의》

② 계사 속에서 주제를 찾아내니 《주역계사 강의》

③ 말을 매서 명하니 (대부분)

④ 괘가 기호 형상으로 나타나 있어 그 뜻을 알기가 어려우므로 성인(문왕 주공 공자)이 괘마다 설명하는 글을 달아 이를 계사(繫辭)라 하였고, 계사에는 주로 괘가 내포하는 뜻을 길흉으로 명확히 보여주었다. 따라서, 계사는 해당 괘의 변화를(=길흉) 알릴 목적으로 설명붙인 글이라 할 수 있다. 정리하면, '(괘에) 글을 붙여 길흉을(변화를) 알리니'의 뜻이 가장 정확하다. 그러면 '그 안에 변화가 들어 있다'는 다음 문장의 연결이 자연스럽다.

吉凶悔吝者 生乎動者也(길흉회린 생호동자야) :

여기서 중요한 것은 움직임(動)에서 길흉회린이 나온다는 대목인데, 이 움직임(動)은 바로 앞 구절의 動在其中矣 구절의 움직임(動)과 같은 것이다. 즉, '괘 안에서 剛柔相推(강유상추) 하면 變(변)이 생기고, 繫辭(계사)를 붙이면 動(동)이 생기는' 이치에 적용하면 알 수 있다. 따라서 길흉회린이라는 가치판단은 계사에서 밝힌 데 따른 것이고, 이는 성인이 괘상을 보고 해석한 것이다. 吉凶悔吝 皆辭之所命也 然必因卦爻之動而後見 《주역 본의》

剛柔者立本者也 變通者趣時者也(강유자립본자야 변통자취시자야) :

괘 안에서 강(강함)과 유(부드러움)가 근본을 세운다는 것은 각각 강은 강대로, 약은 약대로 자기의 정해진 위치가 있어 그 자리를 제대로 지키는 것을 말한다. 즉, 강유는 음양의 본질로서 정해진 체를 지니는 것이므로 근본을 세운다는 의미이다. 정리하면, '괘 안에서 강과 유는 여섯 개 효의 줄기(근간)를 바로 세우는 것'이다.

그런데 강과 유가 변하여 각기 강이 유가 되고, 유가 강이 되는 것을 '변하고 통한다'고 한다. 그렇게 변하고 통하는 것이 시기에 적합하게(timely) 이뤄질 경우 이를 효의 변통이 이뤄졌다고 한다. 정리하면, '변통은 때를 맞춰 다다르는 (취하는) 것'이다.

趣(취) : 다다르다, 취하다

天下之動 貞夫一者也(천하지동 정부일자야) :

① 천하의 움직임은 올바름 하나이다.《주역계사 강의》

② 천하의 움직임은 바로 하나의 理일 뿐이다.《주역 본의》

③ 주자는 天下之動 其變无窮然 順理則吉 逆理則凶 則其所正而常者 亦一理而已 (그 바르면서도 항상한 것은 또한 일리(一理)일 뿐이다)라고 주석하고 있다. '천하의 움직임은 하나의 이치일 뿐이다'라는 뜻인데, 자세히 서술하면 이 세상의 움직임은 하나의 바른 이치를 따르는 것으로 새기면 좋다. 정리하면, '세상의 움직임은 항상 바른 이치를 따른다'로 해석한다.

一者는 하나의 이치 則其所正而常者 亦一理而已矣

夫 乾 確然示人易矣 夫 坤 隤然示人簡矣

爻也者 效此者也 象也者 像此者也

爻象動乎內 吉凶見乎外 功業見乎變 聖人之情見乎辭

天地之大德曰生 聖人之大寶曰位

何以守位曰仁 何以聚人曰財 理財 正辭 禁民爲非曰義

무릇 건은 견고하여 알기 쉽게 보여주고,

곤은 순하여 간명하게 보여준다.

효는 이것을(건곤을) 본받은 것이며, 상은 이것을 닮은 것이다.

효와 상은 (괘의) 안에서 움직이고,

길과 흉은 (괘의) 바깥으로 나타나며,

공을 세우고 사업을 이루는 것은 변화 속에서 드러나고,

성인의 뜻은 말(辭)을 통하여 읽을 수 있다.

천지의 큰 덕(능력)은 (만물을) 낳는 것이고,

성인이 크게 귀하게 여기는 것은 바른 자리이다.

자리를 지킬 수 있는 것은 어짐(仁)이 있어서이고,

사람을 모을 수 있는 것은 재물이 있기 때문이다.

재물을 관리(理財)하고 말을 바르게 하며(正辭),

사람들이 잘못을 못하게 막는 것(禁非)을 義라고 한다.

確(확) : 굳다, 단단하다, 견고하다, 확실하다, 진실하다, 튼튼하다

隤(퇴) : 무너지다, 순하다, 기울다

爻象 動乎內 吉凶 見乎外(효상 동호내 길흉 견호외) :

'효와 상은 안에서 움직이고 길흉은 바깥으로 드러난다'로 번역되는데, 여기서 안과 밖은 '蓍卦(시괘)의 안팎'을 말한다. 즉, 점을 보기 위해 시초점으로 만들어진 괘를 들여다보면 효와 상이 분주히 변화하는 모습을 볼 수 있게 된다. 이것을 '안에서 움직인다'하고 있다. 즉, 움직임이 효에서 여러 가지 변화로 나타난다. 그리고, 밖에서는 길흉이 나타나는데, 이는 성인이 붙인 말, 즉 효사와 괘사 등 계사에 드러나 있으므로 '성인의 뜻은 말(辭)을 통하여 읽을 수 있다'고 한 것이다.

효상은 변화해도 형적이 없어 內(내)라 하고, 길흉은 형적이 있어 外(외)라 했다. 이는 시초점 만으로 말한 것은 아니라는 주장도 있다.

效(효) : 본받다

像(상) : 본뜨다, 모방하다, 즉 '모양이나 형상을 모방하다' 라는 의미

天地之大德日生 聖人之大寶日位(천지지대덕왈생 성인지대보왈위) : 해석이 비슷비슷하나 의미를 전혀 알 수 없는 해석이 되고 말았다. 주역이라는 책의 지위에 맞게 해독하여야 한다는 구조해석의 차원에서 들여다보면 답이 나온다.

① 천지의 대덕을 생이라 하고, 성인의 대보를 위라 한다. 《주역 본의》

② 천지의 큰 덕을 생이라 하고, 성인의 큰 보배를 위라 한다. 《주역계사 강의》

③ 주역에 나오는 천지의 중요한 의미는 만물을 낳은 것이다. 그리고, 성인이 중요시하는 것은 말(辭) 속의 효들이 위치한 자리이다. 자리를 중요시하는 것은 그만큼 자리가 괘의 운명을 좌우하거나 길흉이 달라지기 때문이다. 따라서

바로잡은 주역

괘 안에 효의 자리가 제대로 있는지를 찾아보고, 거기에 합당한 말(辭)을 매어 붙이는 것이 성인의 일이다. 정리하면, '천지의 큰 덕(능력)은 (만물을) 낳는 것이고, 성인이 크게 귀하게 여기는 것은 바른 자리이다'로 해석하는 것이 타당하다.

仁(인) : 守位(수위) 자리를 지킴, 즉 자리를 바르게 지킬 수 있는 마땅함이 있는 자는 仁(인)하다.

何以趣人曰財(하이취인왈재) : 재물은 사물이 의지해서 살아가는 바이다. 《주역 왕필주》

義(의) : 理財(이재), 正辭(정사), 禁民爲非(금민위비) 이 세 가지를 행하는 것을 義(의)라 한다.

● 궁하면 변하고 변하면 통하고
● 통하면 오래 지속된다

古者包犧氏之王天下也
仰則觀象於天 俯則觀法於地 觀鳥獸之文 與地之宜
近取諸身 遠取諸物 於是始作八卦
以通神明之德 以類萬物之情

옛날 복희씨가 천하를 다스릴 때

위로는 하늘의 상을 보고 아래로는 땅의 법칙을 살펴,

새와 짐승의 무늬와 땅의 특성을 관찰하였다.

그래서 가깝게는 몸에서 취하고 멀리는 사물에서 취한 것으로

이에 비로소 팔괘를 만들어 신령의 덕(능력)을 꿰뚫어보고

만물을 (괘상으로) 분류할 수 있게 했다.

王天下也(왕천하야) 해석이 다른 두 주장이 있다.

① 천하를 다스리다. (대부분)

② 문화가 일어나고 문자가 시작되다. 《주역계사 강의》

以類萬物之情(이류만물지정)에서 類(류)에 대한 해석이 갈린다

① 유추하다, 類推(유추)해 알 수 있다. 《주역계사 강의》

② 분류하다, 같은 류끼리 분류하다. ⇨ 萬物之情 如雷風山澤之象 《주역 본

의》‘만물의 정이란 예를 들어 뇌풍산택의 상과 같은 것이다’ 즉, 바로 앞 문장에서 팔괘를 만들었다고 하였으므로 만물을 뇌풍산택 등의 괘상으로 분류하여 64괘를 만들고 점을 칠 수 있도록 했다는 말이다.

作結繩而罔罟 以佃以漁 蓋取諸離

노끈을 묶어 그물을 만들어
그것으로 사냥하고 물고기를 잡으니
이는 重火離괘에서 가져왔다.

繩(승) : 노끈

노 : 실, 삼, 종이 따위를 가늘게 비비거나 꼬아 만든 줄

새끼 : 짚으로 꼬아 줄처럼 만든 것

매듭 : 노, 실, 끈 따위를 잡아매어 마디를 이룬 것

　⇒ 이를 종합해 보면 繩을 '노끈'으로 해독하면 좀더 포괄적인 해석이 가능해 보인다.

罔(망) : 덮어씌워 새나 짐승을 잡는 그물(물에서 쓰는 그물 =《주역계사 강의》)

罟(고) : 물고기 그물 (들짐승용 그물 =《주역계사 강의》)

佃(전) : 밭갈다, 사냥하다

包犧氏沒 神農氏作 斲木爲耜 揉木爲耒 耒耨之利
以敎天下 蓋取諸益

복희씨가 죽고 신농씨가 이어서
나무를 깎아 보습을 만들고 또 구부려 쟁기를 만들어,
밭 갈고 김매는 이로움을 주어 천하를 가르치니
이는 風雷益괘에서 가져왔다.

斲(착) : 깍다, 새기다

耜(사) : 보습, 쟁기날 / 따비로 갈다

揉(유) : 주무르다, 휘다, 바로잡다

耒(뢰) : 가래, 쟁기. 예) 耒耜 뇌사 논밭가는 농기구

耨(누) : 김매다 / 호미, 괭이 예) 耨農

蓋(개) : 덮다, 대개, 모두

日中爲市 致天下之民 聚天下之貨 交易而退

各得其所 蓋取諸筮嗑

한낮이면 시장을 열어 천하의 사람들이 몰려들고

재화를 모아 교역을 하고 물러나 각 물건이 그 쓰임을 얻게 하니

이는 火雷噬嗑괘에서 가져왔다.

各得其所(각득기소) :

① 각 물건이 쓰임을 얻다

② 각각의 물건이 그 장소를 얻다. 《주역 본의》

'교역을 하고 나서 얻은 물건을 갖고 물러나오면, 그 물건으로 새로운 쓰임새

가 생긴다'는 의미의 글이다.

噬(서) : 씹다, 삼키다

嗑(합) : 입 다물다, 말이 많다 / 웃음소리

神農氏沒 黃帝堯舜氏作 通其變

使民不倦 神而化之 使民宜之

易 窮則變 變則通 通則久 是以 自天祐之 吉无不利

黃帝堯舜垂衣裳而天下治 蓋取諸乾坤

신농씨가 죽고 황제·요·순이 일어나 그 (일으킨) 변화가 통해서

사람들이 게으르지 않게 하고 신통하게 교화해서

사람들로 하여금 마땅히 여기도록 하니

역은 궁하면 변하고, 변하면 통하고, 통하면 오래 지속된다고 하였다.

이로써 하늘이 도우니 길하고 이롭지 않음이 없다.

황제·요·순이 의상을 드리우고 있으면서 천하를 다스리니

이는 乾坤괘에서 가져왔다.

神而化之 使民宜之(신이화지 사민의지) :

① 마음이 변하고 백성들이 변화에 적응할 수 있도록 했다. 《주역계사 강의》

② 신묘하게 화하여 백성으로 하여금 알맞게 하니 (대부분)

③ 앞 문장에서도 일으킨 변화가 통하게 했다는 구절이 있어 이 구절도 **'신통하**

게 교화해서 사람들로 하여금 마땅히 여기도록 하니' 로 해독하는 것이 좋다.

垂衣裳而 天下治(수의상이 천하치) :

① 의상으로써 천하를 다스리니 (대부분)

② 의상을 드리우고 있어도 (즉 무위해도) 천하가 다스려지니 《주역 왕필주》, 《대산 주역강의》

③ 두 해독이 전혀 다르다. '의상을 드리우다'는 원문을 어떤 시각으로 보느냐에 따라 이같이 완전히 다른 해독이 가능해진다. 이런 해독은 후대 주자의 집주에도 반영되어 있다.

乾坤變化而无爲(건곤변화이무위)《주역 본의》 따라서 어느 한가지를 선택할 수밖에 없다. 특별히 의미 부여를 하지 않고 두 번째 주석을 따르는 이유는 사람들에게 의상을 보급했다고 하기에는 이 문구가 적절치 않아 보인다. 앞뒤의 문맥상, 의상을 보급했다는 뜻이라면 누에를 치고 뽕을 따서 먹이는 장면들이 묘사되었어야 하는데 그런 과정들이 없기 때문이다. 즉, 원문대로 직역하는 방법을 택하면, '의상을 드리우고 있으면서'(그냥 '황제의 옷(곤룡포)만 입고 있으면서도 다스렸다'는 뜻)로 해석한다.

垂(수) : 드리우다, 늘어뜨리다, 베풀다, 일을 차려 벌이다

刳木爲舟 剡木爲楫 舟楫之利以濟不通
致遠以利天下 蓋取諸渙

나무를 파서 배를 만들고 또 깎아 노를 만들었다.
배와 노의 이로움으로 통하지 못하는 곳을 건너게 하여
먼 데까지 다다르게 하여 천하를 이롭게 하니
이는 風水渙괘에서 가져왔다.

刳(고) : 가르다, 쪼개다

剡(섬, 염) : 땅이름 섬 / 날카로울 염, 깎을 염

楫(즙) : 노, 배, 노를 젓다

渙(환) : 흩어지다, 풀리다

以濟不通(이제불통) : 중간에 강이나 바다가 있어 건널 수 없던 곳을 배를 만들
   어 건널 수 있게 되었다. 즉, 통하지 못하던 곳을 배로 건너 통하게 되었다
   는 말이다. 정리하면 '통하지 못하는 곳을 건너게 하다'로 해석한다.

服牛乘馬 引重致遠 以利天下 蓋取諸隨

소에 멍에를 씌우고 말을 타서
무거운 것을 끌고 먼 데까지 다다르게 하여 천하를 이롭게 하니
이는 澤雷隨괘에서 가져왔다.

服牛乘馬(복우승마) :

　① 소를 타고 말을 타고 《주역 본의》

　② 소와 말을 길들여 《주역계사 강의》, 《대산 주역강의》

　③ 좀더 정확한 표현으로 쓰는 게 좋겠다. '길들이다'로는 馴(순 : 길들이다) 자

　가 더 정확한 뜻을 전달할 수 있다. 정리하면 **'소에 멍에를 씌우고 말을 타서'**

　가 적절해 보인다.

服(복) : (멍에를) 메우다, 복종하다, 사용하다, 들어맞다

重門擊柝 以待暴客 蓋取諸豫

문을 여러 겹 세우고 (야경꾼이) 딱따기를 쳐서 도둑을 방비하니
이는 雷地豫괘에서 가져왔다.

擊(격) : 피다, 부딪치다, 공격하다

柝(탁, 석) : 나무토막 탁, 터질 탁 / 해부할 석, 쪼갤 석

待(대) : 기다리다, 갖추어놓고 기다리다, 막다, 방비하다

擊柝 以待暴客(격탁 이대폭객) :

① 방해가 되게 열리게 하여, 도둑을 기다린다. 《주역 본의》

② 야경꾼이 목탁을 치며 강도를 기다리니 《쥬역계사 강의》

③ 두가지 번역이 모두 그르지는 않지만, 문맥상 뜻이 엉성해 보인다. 擊柝이라는 단어를 '딱따기를 친다'는 밤풍경으로 표현한 것은 적절하다. 그러나, '도둑을 기다린다'는 표현이 상식적으로 납득이 잘 가지 않는 말이다. 待(대)에 '방비하다'라는 뜻이 들어있다. 정리하면, **'(야경꾼이) 딱따기를 쳐서 도둑을 방비하니'**가 가장 맞춤한 해석이다.

斷木以杵 掘地爲臼 臼杵之利 萬民以濟 蓋取小過

나무를 베어 절굿공이를 깎고 땅을 파서 절구를 만들어

절구와 절굿공이의 이로움으로 만민을 구제하니

이는 雷山小過괘에서 가져왔다.

杵(저) : 공이, 절굿공이, 다듬잇방망이, 방패 예) 杵臼, 杵聲 다듬이질하

　　는 소리

臼(구) : 절구, 확(방앗공이로 곡식을 찧는 기구), 나무이름 / 절구질하다

弦木爲弧 剡木爲矢 弧矢之利 以爲天下 蓋取諸睽

나무에 시위를 걸어 구부려 활을 만들고 나무를 깎아 화살을 만들어
활과 화살의 이로움(날카로움)으로 천하에 위엄을 드러내니
이는 火澤睽괘에서 가져왔다.

弦木爲弧(현목위호) :

① 나무를 휘어 활을 만들고 《주역 본의》

② 시위 줄로 나무를 휘어 활을 만들고 《주역계사 강의》

③ 한자 쓰임의 미세한 부분을 어떻게 해독하는가 하는 대목인데, 두가지가
다 큰 뜻에서는 거의 같다고 하겠다. 단지, 弦이라는 한자와 弧자의 쓰임새를
달리 볼 수 있다. 즉, 弦자는 (나무에) '시위를 걸다'라는 의미로, 弧자는 '활을
구부린다'는 뜻으로 구분하면 의미가 명확해진다. 정리하면 **'나무에 시위를 걸
어 구부려 활을 만들고'**로 해석하면 적절하다. 두 번째 해독이 거의 가깝다.

弦(현) : 활시위, 활에 먹인 시위, 초승달 / 구부리다

弧(호) : 활, 혼자, 외톨이 / 어긋나다, 굽다, 휘다 예) 弧光燈 = 아크등, 弧宴 =
생일잔치

上古穴居而野處 後世聖人易之以宮室
上棟下宇 以待風雨 蓋取諸大壯

아득한 옛날에는 동굴에 살거나 들판에 거처하더니
후세에 성인이 궁실로 바꾸어
기둥을 올리고 아래에는 지붕을 얹어 비바람을 피하니
이는 雷天大壯괘에서 가져왔다.

上棟下宇(상동하우) :

① 위에는 기둥으로 하고 아래는 집을 지어 《주역 본의》

② 벽을 쌓고 지붕을 얹어 《주역계사 강의》

③ 기둥을 올리고 지붕(서까래)을 내림으로써 《대산 주역강의》

④ 역시 두 가지가 모두 비슷한 의미를 지니고 있지만 한자 쓰임의 미세한 부분에서 차이가 있다. 上棟은 '기둥을 올리다'라고 해독하는 것이 좋고, 下宇는 '지붕을 얹다', 또는 '서까래를 얹다'로 하면 해석에 무리가 없어 보인다.

古之葬者 厚衣之以薪 葬之中野 不卦不樹 喪期无數

後世聖人易之以棺槨 蓋取諸大過

옛날에 장례는 나무로 두텁게 덮어 들 가운데 묻었는데

봉분을 하지 않고 나무도 심지 않아서

상을 지내는 기간에 법칙이 없었는데 후세에 성인이 관곽으로 바꾸니

대개 澤風大過괘에서 가져왔다.

不封不樹(불봉불수) 해석이 다른 두 가지 주장이 있다

① 봉분도 하지 않고 나무도 심지 않다. (封 = 封墳, 대부분)

② 비를 세우지도 않고 표식도 하지 않다. (封=碑石, 樹=標式,《주역계사 강의》)

③ 해독이 갈리고 있어 '봉분도 하지 않고 나무도 심지 않는다'를 연구자들이

가장 많이 해석으로 쓰고 있어 일단 취한다.

上古結繩而治 後世聖人易之以書契

百官以治 萬民以察 蓋取諸夬

아득한 옛날에는 노끈을 묶어 (일을 표시하며) 다스렸는데

후세에 성인이 이를 문서로 바꾸어

모든 관료를 다스리고 국민을 살피니

이는 澤天夬괘에서 가져왔다.

첫 번째 문장에서 繩(승)을 노끈으로 번역했다. 대나무에 글로 기록하거나 종이에 문자를 적어 본격적인 문서행위가 일어나기 전에는 노끈을 묶어(매듭) 그 수나 길이로 계약 등을 표시하는 방식으로 일을 처리해왔다. 그러나 문서작성이 이뤄지면서 관료를 이끌고 국민을 다스리는 방식이 일대 변혁을 가져왔던 것을 다룬 내용이다.

● 변동이 있는 곳에서
● 길흉이 생긴다

是故 易者 象也 易也者 像也

彖者 材也

爻也者 效天下之動者也

是故 吉凶生而悔吝者也

이런 고로 역은 상이고 상은 본뜬다는 것이며,

단은 한 괘의 (의미를 총론으로 말한) 자질이며,

효는 천하의 움직임을 본받은 것이니

이런 고로 길흉이 생기고 뉘우침과 인색함이 드러난다.

效(효) : 본받다 (물리적, 심리적 양면에서 본래 모습대로 본받아 반영하는 행위)

像(상) : 닮다, 본뜨다 (물리적으로 외관을 본뜨는 행위)

天下之動(천하지동) : 움직임 = 변화 (1장에서 나온 것) 그러므로, '효는 천하의 변
   화를 반영한 것'이라는 뜻으로 해석할 수 있다.

- ● 음양으로
- ● 군자의 도리를 찾는다

陽卦多陰 陰卦多陽

其故何也

陽卦奇 陰卦耦

其德行何也

陽一君而二民 君子之道也

陰二君而一民 小人之道也

양괘는 음이 많고 음괘는 양이 많으니 그 까닭이 무엇일까?

양괘는 홀수이고 음괘는 짝수이기 때문이다.

그 덕행은 어떠한가?

양괘는 임금이 하나이고, 백성이 둘이니 군자의 도이며,

음괘는 임금이 둘이고, 백성이 하나이니 소인의 도이다.

● **선택한 길은 달라도**
● **결국은 같은 곳으로 가고 있다**

易曰 '憧憧往來 朋從爾思'

子曰 "天下何思何慮 天下同歸而殊塗 一致而百慮 天下何思
　　　何慮"

日往則月來 月往則日來 日月相推而明生焉

寒往則暑來 暑往則寒來 寒暑相推而歲成焉

往者屈也 來者信也 屈信相感而利生焉

尺蠖之屈 以求信也 龍蛇之蟄 以存身也

精義入神 以致用 利用安身 以崇德也

過此以往 未之或知也 窮神知化 德之盛也

〈澤山咸괘 九四 효사〉

역에 이르되

"마음이 들떠서 오락가락하니 온갖 무리들이 네 생각을 좇아온다"

공자가 말하기를

"천하가 무엇을 생각하고 근심하리오. 천하가 돌아오는 곳은 같아도

길은 다르게 마련이며, 이루는 것은 하나지만 생각이 백가지나 있는

것인데, 무엇을 생각하고 무엇을 근심하리오.

해가 지면 달이 뜨고 달이 지면 해가 뜨니,

해와 달이 번갈아 밀어내어 밝아진다.

추위가 가면 더위가 오고 더위가 가면 추위가 오니,

추위와 더위가 서로 밀어내어 한해가 이뤄진다.

가는 것은 오그라들고, 오는 것은 펼쳐지니

오그라들고 펴지는 것을 번갈아 느껴 이로움이 생긴다.

자벌레가 오므리는 것은 펴기 위한 것이고,

용과 뱀이 (겨울잠을 위해) 칩거하는 것은 몸을 보존하려는 것이다.

자연의 이치를 정밀하게 파악하여 신묘한 경지에 도달하려는 것은

(필요시에) 크게 쓰고자 함이다.

이를(精義致用) 이용해 몸을 편안히 하는 것은

능력(덕)을 존중하기 때문이다.

이를 넘어선 것은 혹 아는 이가 있을지도 모르지만

신묘한 경지를 파악하고 변화를 아는 것이다.

이것이 바로 덕(능력)의 가장 크고 높은 부분이다."

憧(동) : 동경하다, 마음이 정해지지 않다, 어리석다

朋從爾思(붕종이사) : 해석이 갈린다

  ① 온갖 것이 왔다갔다 한다. 《주역계사 강의》

  ② 친구가 너의 뜻을 따를 것이다. (대부분)

  ③ 문장의 의미를 살려서 해석하면 '온갖 무리들이 네 생각을 좇아온다'로 하는 것이 좋다. 여기서 무리라는 것은 친구들을 말하는 것이 아니라, '생각 속에 모락모락 피워오르는 잡상념들'로 해석하는 것이 타당해 보인다. 朋(붕)을 친구로 해석하지 않은 사례이다.

朋(붕) :

  ① 벗, 친구(親舊) ② 무리(모여서 뭉친 한 동아리)

③ 짝, 같은 부류(部類), 패   ④ 떼짓다, 무리를 이루다

天下同歸而殊塗(천하동귀이수도) :

① 천하의 만가지 상이한 길은 하나로 통한다.《주역계사 강의》

② 천하가 함께 돌아가나 길이 다르고 (대부분)

③ 정리하면 '천하가 같은 곳으로 돌아오나 길은 다르다'로 해석함이 좋다. 왜 냐하면, 의미는 세 가지가 비슷하다. 문맥상 결국은 돌아오지만 각자 다른 길을 택하게 되었던 사정을 말하고 있기 때문이다. 길이 다르고 생각이 달라도 결국 한가지로 귀결된다는 말이다. 그러니 무엇을 근심하겠는가, 너무 동동거릴 필요없다는 뜻.

信(신) : 믿다, 맡기다, 마음대로 하다. 여기서는 伸(신)의 뜻으로 쓰였다.

致用(치용) : 쓰임에 매질하여 도달하다. 중요하게 쓰이게 하다.

利用安身 以崇德也(이용안신 이숭덕야) : 해석이 어려운 구절이다.

① 이를 활용해 몸을 편안히 하는 것은 성과(덕)를 높이기 위한 것이다.《주역계사 강의》

② 베풀어 씀을 이롭게 하여 몸을 편안히 하는 것은 덕을 숭상하기 때문이다. (대부분)

③ 理必由乎其宗 事各本乎其根 歸根則寧 天下之理得也 (이치는 반드시 그 본원에 말미암고, 일은 각기 그 근원에 뿌리를 두나니, 근원에 돌아가면 편안하고 천하의 이치에 부합된다, 노자 16장,《주역 왕필주》) 若役其思慮以求動用 忘其安身以殉功美 則偽彌多而理愈失 名彌美而累癒彰矣 (만약 사려를 하여 움직이고 허용하려 한다면, 제 자신을 평안케 하지 못하고 공명을 좇다가 따라죽게 될 것이니, 작위하는 일이 많아질수록 더욱 이치를 잃고 명예가 아름다울수록 걱정거리도 더 생겨난다) 라는 글을 보면 利用安身이 어떤 것인가를 알 수 있다. 몸을 편안히 한다

는 말의 의미는 단순히 몸의 건강을 관리한다는 뜻이 아니라 '공명을 따르거
나 작위적으로 분수에 넘치는 일을 하지 않으면 이를 利用安身이라 할 수 있
다'는 것이다. 정리하면 '(精義致用을) 이롭게 하여 몸을 편안히 하는 것은 능력
을 존중함이니'로 해석하는 것이 타당하다.

易曰 '困于石 據于蒺藜 入于其宮 不見其妻 凶'
子曰 "非所困而困焉 名必辱 非所據而據焉 身必危
旣辱且危 死其將至 妻其可得見邪"

〈澤水困괘 六三 효사〉

역에 이르되

"돌 때문에 곤란을 당하고 더욱이 가시덤불을 깔고 앉아 있다.

그 집에 들어가도 아내를 보지 못하니 흉하다"고 했다.

공자가 말하기를

"곤란할 곳이 아닌데 곤란하니 이름이 반드시 욕되고,

의지할 곳이 아닌데 의지하니 몸이 필경 위태로우며,

이미 욕되고 또 위태로워서 죽음이 앞에 이르렀으니

아내를 어찌 볼 수 있겠는가."

蒺(질) : 남가새과의 풀

藜(려) : 남가새

易曰 '公用射隼于高墉之上 獲之无不利'
子曰 "隼者禽也 弓矢者器也 射之者人也
　　君子藏器於身 待時而動 何不利之有
　　動而不括 是以出而有獲 語成器而動者也"

〈雷水解괘 上六 효사〉
역에 이르되 '공이 높은 보루 위에서 송골매를 쏘아 잡으니
이롭지 않음이 없다'하니
공자가 말하기를
"송골매는 날짐승이고, 활과 화살은 도구이며, 쏘는 것은 사람이다.
군자가 자신의 도구를 갖추고 때를 기다려 움직이면,
어찌 이롭지 않음이 있으리오.
움직여야 할 때 매이지 않고 그래서 나아가 잡으니,
준비가 된 뒤에 움직여야 한다는 것을 말한다."

射(석, 사) : 쏘다, 사수/ 맞히다, 쏘아 잡다

隼(준) : 송골매

墉(용) : 담, 보루 벽

括(괄) : 묶다, (동여, 졸라) 매다, 궁구하다

子曰 "小人不恥不仁 不畏不義 不見利不勸 不威不懲

小懲而大誡 此小人之福也

易曰‘屨校滅之 无咎 此之謂也’

〈火雷噬嗑괘 初九 효사〉

공자가 말하기를

"소인은 어질지 못함을 부끄럽게 여기지 아니하며,

의롭지 못함을 두려워하지 않는다.

이익을 볼 수 없으면 힘쓰지 않으며, 위엄이 없으면 징계할 수 없으니,

작게 징계하여 크게 훈계할 수 있으니 이는 소인의 복이라.

역에 이르되 ‘쇠고랑을 채워서 발꿈치를 다치니 허물이 없다’ 하니

이를 말함이라."

屨校 滅趾 无咎(구교 멸지 무구) :

　① 쇠고랑을 채워 발뒤꿈치를 자르니 허물이 없다. 《주역 본의》

　② 차꼬를 신에 달아 발을 멸함이니 (대부분)

　③ 나막신을 신다가 발가락을 다치니 허물이 없다. 《주역계사 강의》

④ 발뒤꿈치가 잘리는데 허물이 없다는 것은 기이하다. 이전까지 대부분의 한글번역자들이 이를 발뒤꿈치를 자르는 형벌을 받은 것으로 해석하여 왔기 때문에 이를 답습하고 있다. 아마도 목숨을 잃는 것보다 낫다는 뜻인 듯하다. 옛날에 발뒤꿈치를 베는 형벌은 剕刑(비형)이라 하였다. '발뒤꿈치가 잘리다'보다는 '발꿈치가 다치다'라는 해석이 좋을 듯하다. 주역 본문 서합괘 효사에 이 구절의 설명이 자세히 들어 있다.

履校(구교) : 발에 씌우는 차꼬(쇠고랑), 또는 나막신(=屨校, 이교)

履(구) : 신, 짚신, 가죽신/ 신다

校(교) : 차꼬, 형틀

"善不積 不足以成名 惡不積 不足以滅身

小人以小善爲无益而弗爲也 以小惡爲无傷而弗去也

故惡積而不可掩 罪大而不可解 易曰 ‘何校滅耳 凶’”

〈火雷噬嗑괘 上九 효사〉

"선한 일을 쌓지 않으면 족히 이름을 빛내지 못하고,

악한 일도 쌓이지 않으면 족히 몸을 망치지는 않으리니,

소인은 조금 선한 것을 유익함이 없다 하여 행하지 아니하며,

조금 악한 것은 (나쁘긴 하지만) 해가 적다 하여 그만두지 아니한다.

그런데 악이 쌓여 숨길 수 없게 되면 죄가 커져 풀 수가 없게 되니,

역에 이르되 ‘형틀(목에 찬 칼)을 짊어져서 귀가 없어지니 흉하다’ 했다."

何校(하교) : 목에 찬 칼, 형틀. 何는 荷자인 듯. 즉, ‘칼을 메다’의 뜻.

子曰 "危者 安其位者也 亡者 保其存者也 亂者 有其治者也
是故君子安而不忘危 存而不忘亡 治而不忘亂
是以身安而國家可保也 易曰 '其亡其亡 繫于苞桑'"

〈天地否괘 九五 효사〉

공자가 말하기를

"그 자리에 평안히 있을 때 위태로워지고,

살기만을 바랄 때 망하며, 잘 다스려지고 있을 때 어지러워진다.

이런 고로 군자는 편안하되 위태로울 수 있음을 잊지 아니하며

잘 살되 망할 수 있음을 잊지 아니하며

잘 다스려질 때 어지러움을 잊지 않는다.

이로써 몸이 평안해야 국가를 보존할 수 있다.

역에 이르되 '그 망할까 망할까 하여야 우북한 뽕나무에 맨다'고 하였다."

其亡其亡 繫于苞桑(기망기망 계우포상) :

① 그 망할 듯 망할 듯하여야 더부룩한 뽕나무에 맨다하니라 《주역 왕필주》 등

② 망할까 망할까 두려워하여야 叢生(총생)하는 뽕나무에 매어놓은 듯 튼튼

하다. (대부분)

③ 떨어질 듯 말듯 뽕나무 가지에 매달려 있다. 《주역계사 강의》

④ 이 문장은 연구자가 해석의 틀을 달리하고 있다. 잘못된 해석은 아니지만 이 단락만으로는 진위 여부를 가리기가 어렵다. 단지, 대체로 뽕나무에 맬 정도로 단단해지려면 항상 경계심을 늦추지 말아야 한다는 점으로 해석하는 듯하다. 그러나, 세 번째 해독은 '아슬아슬하다'는 뜻으로 풀이하고 있어 나머지와 해석의 틀을 달리한다.

繫(계) : 매다, 매달리다, 묶다

苞(포) : 더부룩하게 나다, 싸다, 무성하다

子曰 "德薄而位尊 知小而謀大 力小而任重 鮮不及矣
易曰 '鼎折足 覆公餗 其形渥 凶 言不勝其任也'"

〈火風鼎괘 九四 효사〉

공자가 말하기를

"덕이 거의 없는데도 지위는 높고,

지혜는 작은 데 도모하는 것은 크며

힘은 작은 데 책임이 무거우면 (재앙이) 미치지 않음이 드물다.

역에 이르되

'솥의 다리가 부러지고 음식이 엎어져 얼굴이 젖으니 흉하다' 하니

그 임무를 제대로 수행하지 못함을 말한다."

鮮不及矣(선불급의) :

　① 거의 예외없이 불행을 겪는다. 《주역계사 강의》

　② 미치지 않는 것이 드물다. 《주역 본의》

　③ 원문대로라면 《주역 본의》의 해석이 가장 근접하나, 문맥으로 보면 단순히

글자만의 해독으로 그칠 성격의 글이 아니다. 앞뒤 문맥으로 보면 망하거나, 위험하거나, 어지러워지는 재앙을 다시 한번 얘기하고 있다. 즉, 지위만 높고, 지혜는 작고, 책임만 무거우면 이같이 망하거나, 위험해지거나, 어지러워지기 쉽다는 뜻을 담고 있다. 정리하면, '(재앙이) 미치지 않음이 드물다' 또는 '(일을 하되 임무가 과중하거나 지혜가 없고 지위만 높아서) 제대로 하지 못하다'란 뜻이 된다. 따라서 '(재앙이) 미치지 않음이 드물다'로 해석함이 가장 좋다.

謨(모) : 꾀, 지략, 도모하다

鮮(선) : 곱다, 빛나다, 드물다, 깨끗하다

覆(복) : 다시, 엎어지다, 배반하다

餗(속) : 죽, 솥안의 음식물

渥(악) : 두텁다, 극진하다, 젖다, 적시다

子曰 "知幾其神乎 君子上交不諂 下交不瀆 其知幾乎
　　　幾者動之微 吉之先見者也 君子見幾而作 不俟終日
　　　易曰 介于石 不終日 貞吉 介如石焉 寧用終日 斷可識矣
　　　君子知微知彰 知柔知剛 萬夫之望"

〈雷地豫괘 六二 효사〉
공자가 말하기를
"기미를 아는 것이 신기하구나.
군자는 윗사람과 사귀되 아첨하지 않으며,
아랫사람과 사귀되 업신여기지 않으니 그 기미를 아는 것이다.
기미란 미묘한 움직임을 말하며, 길함을 미리 볼 수 있는 것이다.
군자는 기미를 보고 행동하니, (민첩해서) 종일토록 기다리지 않는다.
역에 '돌같은 기개가 있어 하루를 마치지 않으니 정하고 길하다' 하니
기개가 돌과 같은데 어찌 종일을 쓰겠는가. 판단을 가히 알만하다.
군자가 미미한 것 뿐 아니라 뚜렷이 드러난 것도 알고
부드러울 줄도 알고 강할 줄도 아니, 모든 사람이 바라는 바이다."

諂(첨) : 아첨하다, 아양떨다

漬(독) : 업신여기다, 더럽히다

作(작) : 짓다, 창작하다, 행동하다

俟(사) : 기다리다, 대기하다

彰(창) : 드러나다, 선명하다, 밝다, 뚜렷하다

子曰 "安氏之子 其殆庶幾乎 有不善未嘗不知 知之未嘗復
　　行也
　　易曰 '不遠復 无祗悔 元吉'"

〈地雷復괘 初九 효사〉

공자가 말하기를

"안연(후에 安子라 불린 공자의 제자)은 거의 道에 가깝다.

선하지 않음이 있으면 일찍이 깨닫지 못함이 없고,

그것을 깨달으면 다시 행하지 않았다.

역에 이르되 '머지 않아 되돌아온다.

후회하는 데까지 이르지 않으니 크게 길하다'."

其殆庶幾乎(기태서기호) :

　① 거의 최고의 경지에 이르렀도다!《주역계사 강의》

　② 그 자못 가까울진저, 그 거의 이에 가까울진저 (대부분)

　③ 그 자못 가까울진저(거의 부활할 조짐이 보일진저)《대산 주역강의》

　④ 주자 집주가 가장 명확하게 근접하고 있다. '거의 도에 가깝다'《주역 본의》

⇒ "殆 危也, 庶幾 近意, 言近道也"

殆(태) : 거의, 반드시, 장차, 위태하다, 가깝다, 비슷하다, 접근하다

危(위) : 위태하다, 불안하다/ 거의

庶(서) : 여러, 거의, 바라건대/ 가깝다, 바라다, 수효가 넉넉하다, 비천하다

幾(기) : 몇, 얼마, 어느 정도, 거의, 어찌, 바라건대/ 기미, 낌새, 기회/ 위태하다, 가깝다

庶幾(서기) : 거의, 어떠한 것도, 가깝다

祗(지, 기) : 지(音) 다만, 단지, 겨우/ 기(音) 땅귀신, 크다, 이르다

天地絪縕 萬物化醇 男女構精 萬物化生
易曰 '三人行 則損一人 一人行 則得其友 言致一也'

〈山澤損괘 六三 효사〉

"하늘과 땅이 기운을 나누면 만물의 기운이 일어나며(진해지며),
남녀가 정을 맺으면 만물의 형태가 생겨난다.
역에 이르되
'세 사람이 같이 가면 한 사람이 손해보고,
한 사람이 가면 그 벗을 얻는다' 하니 '한가지로 도달됨'을 말한다."

絪縕(인온) :

① 실타래처럼 뒤엉킨 상태에서 《주역계사 강의》

② 기운이 왕성하게 사귀고 《주역 본의》

③ 기운이 뭉치다, 쌓이다 《주역 왕필주》, 《대산 주역강의》

④ 醇(순)을 주자는 주석에서 氣化(기화)되는 뜻으로 새겨 '일어나다'로 해독한

다. 따라서 '천지가 인온하면 만물이 화하여 순하다'는 말은 종합하면 **'천지가**

기운을 나누면(交窋하면) 만물의 기운이 일어나고(氣化)'로 해석함이 좋다.

絪(인) : 기운, 기운이 성한 모양, 깔개

縕(온) : 헌솜, 솜옷, 모시, 그윽하다, 깊숙하다, 감추다, 저장하다

醇(순) : 진국술/ 진하다, 순수하다, 도탑다, 인정이 많고 깊다

構(구) : 얽다, 꾸며대다, 음해하다, 이루어지다, 맺다(= 交)

子曰 "君子安其身而後動 易其心而後語 定其交而後求

　　君子修此三者 故全也 危以動則民不與也 懼以語則

　　民不應也

　　無交而求則民不與也 莫之與則傷之者至矣

　　易曰 莫益之 或擊之 立心勿恒 凶"

〈風雷益괘 上九 효사〉

공자가 말하기를

"군자는 자기 몸을 평안히 한 후에 움직이며,

마음을 터놓은 후에 말하고,

교분을 가진 후에 (필요한 것을 상대에게) 구하니,

이 세 가지를 수양하기 때문에 흠이 없다.

위태로운 상태로 움직이면 사람들이 따르지 않고,

위협하면서 말하면 사람들이 응하지 않으며,

교분없이 요구하면 사람들이 들어주지 않으니,

따르는 사람이 없으면 해를 입을 수도 있다.

역에 이르되 '도움이 되지 않거나 혹 공격할 수도 있다.

(처음에) 마음을 세운 대로 늘 그렇게 할 수 없으니 흉하다'고 했다."

易其心而後語(이기심이후어) :

① 마음을 평이하게 한 연후에 말하다. 易='쉬울 이'《주역 본의》

② 마음을 상대와 바꿔본 후에 = 마음을 터놓은 후에. 易='바꿀 역'《주역계사 강의》

③ 마음을 다스린 후에 말하고 易='다스릴 이'

⇒ 이 세 가지가 다 틀린 말은 아니지만 여기서는 일반인들이 쉽게 이해할 수 있는 **'마음을 터놓은 후에'**라는 표현이 좋다.

全(전) : 온전하다, 무사하다, 흠이 없다, (병이) 낫다

懼(구) : 두려워하다, 걱정하다, 위협하다

與(여) : 더불다, 같이하다, 좇다, 따르다

莫益之 或擊之 立心勿恒(막익지 혹격지 입심물항) :

① 돕지 말아라, 혹시 칠 것이니 마음가짐이 항상하지 않다.《주역 본의》

② 도와주지 않을 뿐 아니라 혹 뒤에서 공격하며, 처음의 동기가 지속되지 못한다.《주역계사 강의》

③ 더하지 마라 혹 치리니 마음을 세워 항상하지 못하니 흉하다.《대산 주역 강의》

④ 주로 '마음을 항상하다'라는 표현을 쓰는데, 좀더 구체적인 표현이 좋을 듯하다. 두 번째 번역에서는 '입심'을 '동기'로 해독하고 있지만, 이는 우리의 용어에서 익숙지 않은 부분이고 원문에 충실하게 해독하면 '마음을 세우다'라는 표현이 적당하다. '더하지 마라'는 해독도 문맥에 맞지 않는 표현이다. '돕다, 도움이 되다'라는 뜻이 益(익)자의 의미로 가장 적절하다. 정리하면, **'도움이 되지 않거나 혹 공격할 수도 있다. (처음에) 마음을 세운 대로 늘 그렇게 할 수 없으니 흉하다'**로 해석하면 문맥에도 어울리고 원문에도 충실하다.

益(익) : 더하다, 돕다, 향상되다, 가로막다, 넘치다

● 사물을 정확히 분별하고
● 판단을 분명하게 내려준다

공자가 말하기를

"건곤은 역의 문이다.

건은 양을 대표하며 곤은 음을 대표한다.

음양이 덕을 합치면 강함과 부드러움이 실체를 갖게 됨으로써,

하늘과 땅이 만들어낸 것을 체득하고,

신명의 덕(능력)을 꿰뚫어볼 수 있다."

(괘의) 이름에는 (여러가지가) 뒤섞여 있으나 (원래 의미를) 벗어나지 않고,

(괘 이름의) 부류를 헤아려보면 쇠락한 세상의 뜻을 담고 있다.

무릇 역은 과거를 드러내고 미래를 살피며,

드러난 것을 자세하게 하고 어두운 데 있는 것을 밝히며,

(괘의) 이름에 어울리는지를 시작으로 사물을 분별하며,

정확한 말로 분명한 판단을 내리니 즉, 갖춰져 있는 셈이다.

이름을 짓는 것은 작은 일이나, 부류를 취하는 것은 큰 일이며,

뜻은 깊고 말에는 빗깔이 있으며,

그 말은 도리에 맞지 않은 듯하지만 적중하고,

일을 늘어놓은 듯하지만 (이치는) 숨겨져 있다.

이럴까 저럴까 (의심) 할 때 사람들이 행하는데 유익하며,

(행위의) 득실에 따른 결과까지 알려준다.

德(덕) : 주역에서 덕의 의미

주역에서 덕은 덕, 은덕 의 본래적 의미 외에도 능력, 작용, 행위, 정의, 기운 등의 뜻으로 사용되고 있다. 워낙 포괄적인 의미로 쓰이는 낱말이어서 문맥에 따라 정확한 어의를 찾기가 쉽지 않지만, 가능하면 분명한 뜻으로 해독하는 것이 필요한 단어이다.

剛柔有體(강유유체) :

① 강유가 체를 갖는다. (대부분)

② 강유가 몸체가 있는지라 《주역 왕필주》

③ 모든 연구자가 비슷한 견해를 갖고 있고, 틀릴 만한 문장이 아니어서 이견은 없으나 굳이 첨언한다면 체가 무엇인지를 명확히 알고 넘어갈 필요가 있다. 건과 곤이 맨 먼저 우주에 나오고 뒤이어 음양이 합덕하여 사상이 만들어지고, 다시 합덕하면 8괘가 체를 이룬다. 즉, 하늘의 체인 건체(陽)를 비롯해, 못의 체인 태체(陰), 불의 체인 이체(陽), 우레의 체인 진체(陰), 바람의 체인 손체(陽), 물의 체인 감체(陰), 산의 체인 간체(陽), 땅의 체인 곤체(陰) 등 8괘의 체가 나온다. 이렇게 천지의 모든 일을 체로 해놓았다. 정리하면 **'강함과 부드러움이 실체를 갖게 되었다'**고 해석한다.

以體天地之撰(이체천지지찬) : 여러 해석이 있다.

① 천지의 길러냄을 체득하다.《주역계사 강의》

② 천지의 일을 체인(體認)하고《주역 본의》등 (대부분)

③ 천지의 수를 갖추며《주역 왕필주》

④ 이렇게 정리하는 것이 타당해 보인다. '천지가 만들어낸(지어낸) 것을 체험하여 얻는다(체득하다)' 撰은 '(무엇을) 찬하다, 기록하다, 만들다, 지어내다' 등의 뜻으로 쓰이므로, 원래 한자의 의미에 충실하고자 한다.

體(체) : 체득하다, 체험하다, 생각하다

撰(찬) : 짓다, 만들다, 기록하다/ 저술, 일.

其稱名也雜而不越 於稽其類(기칭명야잡이불월 어계기류) : 연구자마다 해석이 다르다

① 용어의 선택은 포괄적이며 실제적이고, 자료인용은 정확하다.《주역계사 강의》

② (괘효의) 뜻이 번잡하게 나타나도 정도를 벗어나지 않고, 그 차이를 생각함에《주역 본의》

⇒ **卦爻之義 雖雜出而不差謬** 괘효의 뜻은 비록 잡출하지만 차이와 오류가 없다.

③ 그 이름을 일컬음이 번잡하되 넘치지 않으나 그 종류를 상고함에 (대부분)

④ 해석이 판이하게 차이가 난다. 대부분은 원문에 충실하고 있지만 의미가 분명치 않고, 첫 번째 번역은 간접번역투여서 의미는 확실하게 전달하지만 그 내용인지가 명확치 않다. '뒤섞여 있다'는 말이 '포괄적'이라는 뜻을 지닌 것같지는 않다. 또, 類(유)에 대한 해독이 전혀 다르다. 하나는 '종류'로 보고 있는 반면, 하나는 '자료인용'으로 보고 있다. 애매모호한 것은 다음에 자세히 논하기로 하고 여기까지만 정리하면, '그 이름에는 (여러 가지가) 뒤섞여 있으나 (원래 의미를) 벗어나지 않고, 그 부류(내용)를 살펴보면'으로 해석하고자 한다.

稽(계) : 상고하다, 헤아리다, 견주다, 논의하다

微(미) : 작다, 정교하다, 자세하고 꼼꼼하다

闡(천) : 밝히다, 분명하다

開而當名辨物(개이당명변물) : 자세히 보면 한자 한자가 정확한 위치에 쓰였는데, 오자가 있는 것처럼 지적하는 연구자들이 있다.

① 괘의 이름으로써 사물의 이치를 판별하고 《주역계사 강의》

② 마땅한 이름을 지어 만물을 분변하여 《주역 본의》

③ 원문을 그대로 보면 '(괘의) 이름에 마땅한지를 열어보며 사물을 분별하고, 말을 (에두르지 않고) 정확히 하며 단정적으로 판단을 내려주니 (점으로서) 갖출 것을 갖추고 있구나'하는 역의 덕목을 얘기하고 있는 구절이라 할 수 있다. 정리하면 '이름에 어울리는지(마땅하게)를 시작으로 사물을 분별하며'라고 해석한다.

其稱名也小 其取類也大(기칭명야소 기취류야대) : 중요한 대목임에도 역시 관점과 뜻을 달리한다.

① 그 일컫는 명칭은 작으나 그 취하는 종류는 크며 (대부분)

② (괘의 가운데 열거한) 이름은 작은 일이지만, 그것이 상징하는 종류를 취함은 광범하게 큰 것이다 《주역 본의》

③ 작은 것으로 시작해서 큰 것으로 확대시켜 나가고 《주역계사 강의》

④ 문장에 충실히 뜻을 새기면 '이름을 짓는 것은 작은 일이지만, 부류를 취하는 것은 큰 일이며'이다. 괘의 이름을 짓는 것을 크다 할 수 없지만, 괘 속에 들어있는 여러 사물과 도구들(류)에 대해 일정한 태도나 관점, 방향을 갖는(취하는) 것은 큰 작업이라는 말이다.

肆(사) : 방자하다, 늘어놓다, 늦추다/ 가게

因貳以濟民行(인이이제민행) : 연구자마다 해석이 많이 다르다.

　　① 음양의 양면으로써 사람들의 행위를 이루게 하여 《주역계사 강의》

　　② 의심으로 인해 백성의 행동을 구제한다. 《주역 본의》

　　③ 득실이란 두가지로 말미암아 백성의 행동을 제도하여 《주역 왕필주》

　　④ '두가지로 인하여 백성의 행동을 구제한다'는 직접 번역이 무슨 뜻을 지니고 있을지를 생각하는 것은 거의 불가능하다. '貳(이)'가 무슨 의미일까. 이 문장은 괘효사가 무슨 의미를 지니는지를 설명하고 있는 단락의 한 부분이다. 괘효사가 사물을 분별하고 정확하게 말로 나타내주는 등의 일을 하는데, 아직도 그 괘효사의 의미를 제대로 이해하지 못하는 경우에 대한 말이다. 즉, (괘효사의) 말이 이렇게 하라는 건가, 아니면 저렇게 하라는 건가를 파악하지 못할 때, 역은 그 말이 주는 득실의 결과까지도 분명하게 말해준다는 것을 밝히고 있다. 이는 주자가 '貳'의 뜻을 '疑(의)'라고 주석하고 있는 바를 보면 알 수 있다. 본래 貳의 자의에 '의심하다'라는 속성이 들어 있다. 앞의 문장대로 말로써 정확하게 단정적으로 판단하도록 해준다는 말이다. 정리하면 '이럴까 저럴까 (의심) 할 때 사람들이 행동하는 데 유익하다'로 해석하면 가장 적절하다.

濟(제) : 건너다, 돕다, 쓸모가 있다, 유익하다

貳(이) : 둘, 버금 / 의심하다, 배신하다, 어기다, 돕다

- **인간사의 패턴은**
- **특정한 괘상으로 보여줄 수 있다**

易之興也 其於中古乎 作易者 其有憂患乎

역이 흥한 시기는 중고시대였을 것이다.
역을 만든 사람은 우환이 있었을 것이다.

是故 履 德之基也 謙 德之柄也 復 德之本也
恒 德之固也
損 德之修也 益 德之裕也
困 德之辨也 井 德之地也 巽 德之制也

〈64괘중 아홉 개 괘에 대한 개괄적 설명〉

이런 고로

리괘는 (하늘과 연못이 상하로 나뉘어 분수가 정해지니) 덕의 토대요,

겸괘는 (땅 아래 산으로 자기를 낮추니) 덕의 자루(손잡이)이고,

복괘는 (일이 본래대로 되돌아오니) 덕의 근본이요,

항괘는 (변치 않음을 지켜 오래 유지하니) 덕의 굳셈이고,

損괘는 (욕심을 없애고 분함을 막으니) 덕의 수양함이요,

익괘는 (선으로 옮겨가고 허물을 고치므로) 덕의 가득참이고,

곤괘는 (곤궁할수록 덕이 있는지를 알게 되므로) 덕의 분별함이요,

정괘는 (자리를 움직이지 않고 만물을 기르므로) 덕의 터전이고,

巽괘는 (이치에 따라 공손히 변화를 처리하니) 덕의 규정이다.

履和而至 謙尊而光 復小而辨於物 恒雜而不厭 損先難而後易

益長裕而不設 困窮而通 井居其所而遷 巽稱而隱

리괘는 조화롭게 하여 목표를 달성하는 것이고,

겸괘는 존경받아 빛나며,

복괘는 작지만 사물을 분별하고,

항괘는 복잡한 곳에 처해도 싫증내지 않으며,

손괘는 처음은 어렵지만 나중은 쉽고,

익괘는 오래 여유가 있어 억지로 도모하지 않으며,

곤괘는 어려운데서 통하게 되고,

정괘는 그 장소에 거처하되 옮겨가며,

손괘는 (이치에) 맞게 하나 드러나지 않게 한다.

履以和行 謙以制禮 復以自知 恒以一德 損以遠害
益以興利 困以寡怨 井以辨義 巽以行權

리괘로써 행동을 조화롭게 하고,

겸괘로써 예를 제어하며,

복괘로써 스스로를 알게 하고,

항괘로써 덕을 한결같이 하며,

손괘로써 해로움을 멀리하고,

익괘로써 복리를 크게 하며,

곤괘로써 원망을 줄이고,

정괘로써 의리를 분별하며,

손괘로써 권력을 행사한다.

巽稱而隱(손칭이은) : 巽괘는 가장 해석이 분분하다.

① 사물의 마땅함을 저울질하나 드러내려 하지 않는다 《주역 본의》등 대부분

⇒ 巽 稱物之宜而潛隱不露 (손 칭물지의이잠은불로)

② 수시응변하나 그 자취가 드러나지 않는다.《주역계사전》

③ 공손하게 따라 칭찬을 받을 만하며 시세를 보아 능히 은거할 수 있다.《주역계사 강의》

④ 명령을 펴되 은미하니라《주역 왕필주》

⑤ 대부분의 연구자는 稱(칭)을 '저울질하다'는 뜻으로 새기고 있으며, 隱(은)을 '숨기다, 또는 드러내지 않다'는 뜻으로 보고 있다. 한 연구자만 稱을 '(공손하게 따라) 칭찬받을 만하다'로 새기고 있다. 다른 연구자는 稱을 '명령에 따라'로 해독하고 있으며, 또 다른 연구자는 '수시응변하다'로 번역하고 있어 연구해볼 만한 대목이다. 이에 따라 뒷부분 巽(손)에 대한 해독도 따라서 바뀐다. 앞의 巽을 '저울질하다'의 의미로 새기면 세번째 巽괘 해독을 '권력을 행사한다'로 하는 반면, 앞의 巽을 '칭찬받다'로 하면 뒷부분을 '임기응변하다'로 새긴다. 앞뒤가 맞아야 하는데 흔들리는 모습을 볼 수 있다.

여기서는 巽의 첫 번째 해독이 '덕의 규정, 제도'로 새기고 있어, 稱은 '일에 걸맞으면서도 드러나지 않는다'는 의미가 타당해 보인다. 주자는 주석에서 '물건의 마땅함에 걸맞으면서도 숨어 드러나지 않는다'로 새기고 있으므로 이와 유사한 입장을 취한다. 정리하면, **'(이치에) 맞게 하나 드러나지 않게 한다'**가 적절하다. 그래야 첫 번째, 세 번째 巽괘의 해독과 일관된 모습을 보이게 된다.

稱(칭) : 일컫다, 칭찬하다, 저울질하다, 드러내다, 부합하다, 알맞다, 훌륭하다

履以和行(이이화행) : 해석이 조금씩 차이가 난다

① 어울려 걷다.《주역계사 강의》

② 행동을 조화롭게 하고 (대부분)

巽以行權(손이행권) : 역시 해석이 몇가지로 갈린다.

① 공손으로써 권력을 행사한다.《주역 본의》등 (대부분)

② 손괘는 임기응변하는 것이다. 《주역계사 강의》

③ 손으로써 권도를 행하느니라 《주역계사전》 ①과 비슷

④ 위의 3가지 중 거의 대부분이 취하고 있는 의미를 쓰는 게 적절해 보인다. 임기응변이라는 해독은 연구 과제로 남겨둔다. 즉, '(공손하게) 권력을 행사한다'로 새긴다.

權(권) : 권세, 저울/ 저울질하다, 꾀하다/ 당분간, 임기응변의, 임시의 權에 임기응변이란 뜻이 포함되어 있어 ②번으로 해석하는 것도 무방해 보인다. 또한, 權자에는 '저울질하다라'는 뜻도 있어 권력과 관계가 있어 보인다. 즉, 巽괘와 관련하여 주자 집주에도 '손은 덕의 제재 장치', '저울질하나 드러내려 하지 않는다' 등을 보면 권력을 설명하려는 괘로 보는 것이 우선 적절하다.

● 사정이 바뀜에 따라
● 대처하는 방법도 달라진다

易之爲書也 不可遠 爲道也屢遷

變動不居 周流六虛 上下無常

剛柔相易 不可爲典要 唯變所適

其出入以度 外內使知懼

又明於憂患與故 无有師保 如臨父母

初率其辭 而揆其方 旣有典常 苟非其人 道不許行

역의 글은 멀리할 수 없다. 역의 도는 자주 변한다.

(역은) 변하고 움직여서 머물지 않으며,

천지 사방에 두루 돌아다니며 상하가 일정치 않다.

강하고 부드러운 것이 서로 바뀌어 일정한 법칙을 만들 수 없고

오직 변하여 갈 뿐이다.

그 나가고 들어옴을 법도로써 정하고,

안팎으로 두려움을 알게 (경계하도록) 하며,

또 우환의 원인을 밝히고 있으니,

스승이 없으나 부모님처럼 대하라.

처음에 역의 말을 따라서 방향을 가늠해보면

이미 변함없는 법칙이 있어 법칙을 따르는 사람이 아니면

도가 행해질 수 없다.

屢(누) : 여러, 자주, 빨리, 언제나/ 번거롭다, 빠르다

唯變所適(유변소적) : '오직 마땅한 바대로 변한다, 변해야 할 방향대로 변한다
'는 뜻이므로 '변화에 따를 뿐이다'로 해석하는 게 맞을 듯하다.

適(적) : 마땅하다, 전일하다, 즐기다, 가다

其出入以度(기출입이도) : 해석이 차이를 보이는 대목이다.

① 나가고 들어옴을 법도로써 정하고 (대부분)

⇒ 出은 내괘에서 외괘로의 이동을 말하며, 入은 외괘에서 내괘로의 이동을 의미하는 것으
로 해석한다.

② 그 출입에는 일정한 법도가 있고 《주역계사 강의》

③ 주자는 이 구절을 해석할 수 없다고 적고 있다. 此句未詳 疑有脫誤 《주역
본의》 탈자나 오자가 있어 보인다는 것이다. 이는 문장 그대로 번역한다면 할
수는 있겠지만, 앞 문장과 뒷문장의 연결이 매끄럽지 않아서 이렇게 추정한
것으로 보인다.

揆(규) : 헤아리다, 가늠하다, 관리하다

- **하는 일의 결과를**
- **분명하게 보여준다**

易之爲書也 原始要終 以爲質也 六爻相雜 唯其時物也

其初難知 其上易知 本末也 初辭擬之 卒成之終

若夫雜物撰德 辨是與非 則非其中爻不備

噫 亦要存亡吉凶 則居可知矣 知者觀其彖辭 則思過半矣

二與四 同功而異位 其善不同

二多譽 四多懼 近也 柔之爲道 不利遠者 其要无咎 其用柔中也

三與五 同功而異位 三多凶 五多功 貴賤之等也

其柔危 其剛勝耶

역은 처음엔 원인으로 시작하여

끝에 결과를 맺는 글을 본질로 삼는다.

여섯개 효가 뒤섞여 복잡한 것은

오직 시간에 따라 달라지는 사물 때문이다.

처음의 효는 알기 어렵지만 끝은 알기 쉬우니 본말이 있기 때문이다.

처음의 글은 (무언가를) 견주어 말하지만 끝에는 결과를 보여준다.

잡다한 속에서 덕(능력)을 찾아내고 시비를 분별하려면

그 가운데 네 개의 효가 중요하다.

또한 존망과 길흉을 맞히면 가만히 있어도 (결과를) 알 수 있는데,

지혜로운 사람은 단사만 봐도 (이를) 거의 알 수 있을 것이다.

이 효와 사 효는 기능은 같지만 자리가 달라서

그 좋음이 같지 않다.

이 효는 명예가 많아 좋은데, 사 효는 두려움이 많으니

이는 (오 효에) 가깝기 때문이다.

음효의 도는 (오 효와) 먼 것이 이롭지 않지만,

(효는) 흠이 없는 것이 중요한데

(이 효가) 음효로써 가운데 자리(음의 자리)해서 (흠이 없어) 좋다.

삼 효와 오 효가 기능은 같으나 자리가 다른 데

삼효가 흉함이 많고 오 효가 좋은 것은

(자리의) 귀천에 차등이 있기 때문이니

(이 자리에) 음효는 위태롭고 양효는 이겨낸다.

原始要終 以爲質也(원시종요 이위질야) : 연구자마다 해석을 달리한다

① 처음을 찾아가면 끝에 다다르는 것이니, 이것이 괘의 본체가 된다. 《주역 본의》

② 처음과 끝이 하나의 인과관계로 이어져 허황됨이 없다. 《주역계사 강의》

⇒ 質(질) : 거짓이 아닌 것을 말한다.

③ 처음을 근원하고 마지막을 총결하여 바탕으로 삼고 《주역계사전》

④ 무슨 말인지 명확지 않아 앞뒤 문맥을 매끄럽게 하고 가능한 원문에 충실하게 해석하면 '**처음엔 원인으로 시작하여 끝에 결과를 맺는 글을 본질로 삼는다**'는 해석이 낫다.

唯其時物也(유기시물야) : 처한 시간에 따라 사물이 속하는 괘와 효가 달라진다. 육효가 수없이 복잡한 것은 그만큼 시간에 따라 사물의 괘상이 달라지기 때문이다. 따라서, 하나의 괘를 형성하는 육효가 음양이 뒤섞여 복잡하

게 바뀌지만 (64괘에서 변효까지 계산하면 1만가지가 넘는 것을 말함) 이같은 변화는 같은 사물이라도 때와 장소에 따라 효의 움직임이 바뀌고 그에 따라 괘상도 변해 해석과 처방이 달라지기 때문이다.

若夫雜物撰德(약부잡물선덕) : 연구자마다 해석이 갈린다

① 사물을 섞어서 덕을 가려내고《주역 본의》

② 물이 섞인 것과 덕을 헤아림과《주역계사전》

③ 점을 쳐《주역계사 강의》 ⇨ 雜物 '점을 치는 것'을 이름, 撰德 '결과를 얻는 것'

④ 잡다한 것들이 많이 섞인 속에서 덕을 가려내는 일이 쉽지는 않다. 이러한 것은 여섯 개의 효 중에서도 가운데 자리를 차지하고 있는 네 개 효에서 가려 낼 수 있다. 즉, 네 개 효의 호괘로써 변효를 만들어내고 그 속에서 덕(능력)을 가려내는 것이 바로 주역의 핵심이다. 정리하면, **'잡다한 온갖 것들 속에서 덕 (능력)을 가려내는 일'**로 해석하면 가장 적절하다.

撰(찬, 선) : 찬(音) 짓다, 만들다 / 선(音) 가리다, 선택하다

卒(졸) : 마치다/ 마침내, 드디어

則非其中爻不備(즉비기중효불비) 에서 中爻의 의미가 중요하다

中爻는 한 괘의 여섯 효 중에서 가운데 네 개의 효를 말한다. 此謂卦中四爻《주역 본의》이 네 개의 효가 互體(호체)를 이룬다. 丁다산은 추이, 물상, 호체, 효변을 易理四法(역리사법)으로 말하고 있다. 이는 주자가 말한 것들이다.

亦要存亡吉凶 則居可知矣(역요존망길흉 즉거가지의) : 연구자마다 해석이 갈린다

① 존망과 길흉을 요구할진대 가만히 있어도 알 수 있지만 (대부분)

② 존망과 길흉을 궁구하면 거처함을 가히 알 것이다. 《주역 본의》

③ 존망과 길흉을 명백히 이해하면 점을 치지 않고도 알 수 있다. 《주역계사

강의》

④ 주역을 통해 점을 치는 가장 중요한 이유가 바로 존망과 길흉을 정확히 알아내는 것이라고 한다면, 이를 정확히 맞히면 거의 괘를 보지 않더라도 나머지를 다 알 것이라는 얘기다. 더욱이 단전을 보면 그 이상의 정확한 예측까지도 가능하리라는 것이다. 정리하면 **'존망과 길흉을 맞히면 가만히 있어도 알 수 있지만'**으로 해석한다.

要(요) : 중요하다, 요약하다, 맞히다, 성취하다

二多譽 四多懼 近也(이다예 사다구 근야) : 이 구절도 해석이 갈린다.

① 이 효는 명예가 많고 사 효는 두려움이 많으니 가깝다. 《주역계사 강의》

② 近은 내괘를 말하며 이 효는 내괘에 있으므로 近이며, 한편 사 효는 외괘에 있고 오 효에 가까워지는 것을 두려워한다는 뜻으로 해석하는 주장도 있다.

③ 정설은 없어 보이나, 다수설을 따른다. 정리하면 **'이 효는 칭찬이 많고 사 효는 두려움이 많으니 (오 효에) 가까이 있기 때문이다'** 《주역 본의》 등 (대부분)

● 제자리에 있지 않으면
● 길흉이 생긴다

易之爲書也 廣大悉備 有天道焉 有人道焉 有地道焉

兼三才而兩之 故六 六者 非他也 三才之道也

道有變動 故曰 爻 爻有等 故曰 物

物相雜 故曰 文 文不當 故吉凶生焉

역의 내용은 광대하여 모든 것을 갖추고 있다.

하늘의 도와 사람의 도와 땅의 도를 삼재라 하며

다시 삼재 두 쪽을 쌓으면 여섯 효가 이뤄지니

이를 다름 아닌 삼재의 도라 한다.

도는 (괘 가운데에서) 변화와 움직임을 지니고 있어 이를 爻(효)라 하며,

효에는 차등이 있어 이를 物(물)이라 하고,

물이 서로 섞여 있으면 文(문)이라 이른다.

文이 마땅치 않으면 길흉이 생긴다.

- -

悉(실) : 다, 모두/ 갖추다

兼(겸) : 겸하다, 아우르다, 포개다, 겹치다, 쌓다, 합치다

兩(양) : 둘, 짝, 쌍, 두 쪽, 동등한 것

爻有等(효유등) :

⇒ 爻에는 차등이 있다. 차등의 기준은 고저, 원근, 귀천, 존비 등이다. 爻에서 귀천과 존비를 담고 있는 것이 物이다.

物(물) : 爻에 차등이 있는 것. 二與四 同功而異位 其善不同(이여사 동공이이위 기선부동)에서 '이 효와 사 효는 차등이 있다'. 이때의 차등을 지닌 爻를 物이라 한다.

文(문) : 음효와 양효가 섞인 것을 말한다. 무늬, 문채라고도 한다. 일부에서는 '문화'라고도 한다.

⇒ 여러 가지 사물이 뒤섞인 것이 문인데, '文이 마땅치 않다'는 것은 사물이 일정한 규칙을 따르지 않고 뒤죽박죽으로 엮어져 있으면 조화롭지 못하고 혼잡스러워져 爻가 자리에 어긋나게 된다는 의미이다. 爻가 자리에 어긋나고, 조화롭지 못하면 길흉이 생긴다는 게 주역의 뜻이다.

- ● 세상에 공손하고
- ● 두려워할 줄 알면 흠이 없다

易之興也 其當殷之末世 周之盛德邪 當文王與紂之事邪

是故其辭危 危者使平 易者使傾 其道甚大 百物不廢

懼以終始 其要无咎 此之謂易之道也

역이 흥한 시기는 은의 말기에서 주의 성덕기인 초기,

周(주)의 문왕과 은의 紂(주) 당대의 일이다.

이런 고로 그 말이 위태롭다.

위태롭게 여기는 자는 평안하게 하려는 것이고,

경솔히 하는 자는 뒤집어 엎으려는 것이니,

그 도가 엄청 커서 만물이 다 포함된다.

처음부터 끝까지 두려워하면 중요한 데서 허물이 없으니,

이를 역의 도라 한다.

是故其辭危(시고기사위) : 해석을 달리할 수 있다. 문장 전체를 일관성있게 구조

해석하는 것이 중요하다.

① 역의 말이 위태하다. (대부분)

② (역의) 어투가 직설적인데 《주역계사 강의》 ⇨ 다분히 의역한 맛이 난다.

③ 정리하면 **'역의 말이 위태롭다'**로 해석하고, 뒤에 오는 문장들을 이 틀에 맞춰 번역하면 무리가 없다. '위태롭다'로 해석해도 괜찮고, '바르다'로 해석해도 문장 전체의 의미가 손상되지 않는다. '바르다'로 해독하면 '바르게 하는 것은 평화롭게 하려는 것이고'로 해석된다. 즉, 나라를 바르게 하려는 것은 잘못을 고쳐 평화롭게 만들려는 것이란 뜻이 된다.

危者使平(위자사평) : 앞 번역에 따라 모두 달라진다. 危懼故得平安《주역 본의》

易者使傾(이자사경 또는 역자사경) :

① 소홀히 하는(쉽게 하는) 자는 쓰러뜨리니(기울어지게 하니) (대부분)

② 바꾸려고(바꿀 易) 하는 것은 쇠락한 나라를 무너뜨리겠다는 것이다.

③ 주자의 주석을 바탕으로 해독하면 **'경솔히 하는 자는 뒤집어 엎어버리려는 것이니'**로 해석하는 것이 좋다. 慢易則必傾覆《주역 본의》

百物不廢(백물불폐) : 만물이 모두 이같은 움직임에서 벗어날 수 없다

懼以終始(구이종시) : 항상 (천지를) 두려워하고 공손하면

● 길흉은 다스려지고,
● 노력하면 얻는다

夫乾 天下之至健也 德行恒易以知險

夫坤 天下之至順也 德行恒簡以知阻

能說諸心 能研諸慮 定天下之吉凶 成天下之亹亹者

대저 건은 천하에서 지극히 굳센 것이니

그 덕행은 위험하다는 것을 알지만 언제나 쉽다.

또한, 곤은 천하에서 지극히 순한 것이니

그 덕행은 막힘이 있는 것을 알지만 항상 간단하다.

사람들의 마음을 기쁘게 할 수 있고,

사람들의 생각을 정밀하게 연구하면,

천하의 길흉을 다스릴 수 있고,

천하가 힘써 하고자 하는 것을 이룰 수 있다.

※ 이 장은 주역의 괘, 효, 사 등의 구조와 이에 따른 설명을 하고 있는 부분이다. 따라서 일반적인 한문 문장의 해석을 하려는 시도로는 옳은 번역을 할 수 없게 된다. 즉, 주역의 각종 구조와 기물들에 대한 설명이라는 점을 염두에 두고 번역하면 제대로 된 해석을 얻을 수 있다.

阻(조) : 막히다, 험하다

能說諸心 能研諸慮(능설제심 능연제려) : 연구자마다 문구의 뜻을 달리하고 있어 해석이 다르게 나온다.

① 능히 마음에서 기뻐하고, 능히 사려를 연마하여 (대부분)

② 사람의 마음을 사로잡을 수 있고, 제후의 생각을 알 수 있어야만《주역계사 강의》

③ 자구의 해석을 충실히 하면, '사람들의 마음을 기쁘게 할 수 있고, 사람들의 생각을 정밀하게 연구하면'으로 정리할 수 있다.

諸(제, 저) : 제(音) 모두, 여럿, 저(대명사)/ 저(音) 김치, ~에, 에서(어조사)

⇒《대산 주역강의》에서는 諸를 저(대명사)로 읽고 있다.

定天下之吉凶 成天下之亹亹者(정천하지길흉 성천하지미미자) : 역시 앞 구절의 해석 차이에 따라 결론 부분도 다른 결과를 보인다.

① 천하가 길흉을 정하고, 천하가 노력을 이룬다.《주역 본의》

② 천하의 길흉에 적절히 대처해 천하가 제대로 돌아가게 할 수 있다.《주역계사 강의》

③ 定을 '다스리다'의 뜻으로 보고, 亹亹者를 '힘써 하고자 하는 것'으로 뜻을 새기면 '천하의 길흉을 다스릴 수 있으며, 천하가 힘써 하고자 하는 것을 이룰 수 있다'로 해석할 수 있다. 주역이 가져다줄 혜택, 이점 등을 얘기하고 있다는 점을 염두에 두고 해석해야 한다.

定(정) : 정하다, 다스리다, 평정하다, 준비하다

亹(미) : 힘쓰다, 부지런하다, 아름답다

是故 變化云爲 吉事有祥 象事知器 占事知來

天地設位 聖人成能 人謀鬼謀 百姓與能

八卦以象告 爻彖以情言 剛柔雜居 而吉凶可見矣

變動以利言 吉凶以情遷

是故愛惡相攻而吉凶生

遠近相取 而悔吝生 情僞相感而害生

凡 易之情 近而不相得則凶 或害之 悔且吝

이런 고로 변화가 행위에까지 이르면 좋은 일에는 조짐이 있고,

상을 보고 도구를 알며(만들며), 점을 치면 다가올 일을 안다.

천지가 자리를 벌여놓으면 성인이 능히 (역을 만들어) 완성하며,

사람이 꾀하든 귀신이 꾀하든 일반 사람들도 능히 할 수 있다.

팔괘는 상으로 알려주고, 효사와 단사는 뜻으로 말해주니,

강함과 부드러움이 뒤섞여 있어 길흉을 볼 수 있다.

(효가) 변하고 움직이는 것은 이(利)로써 표현하고,

길흉은 (괘나 효의) 사정에 따라 달라진다.

이런 고로 애정과 미움이 서로 공방을 벌여 길흉이 나타나며,

먼 것과 가까운 것이 서로 가지려고 해 후회와 인색함이 드러나고,

사정 있음과 거짓됨이 서로 영향을 미쳐 이로움과 해로움이 생긴다.

무릇 역의 이같은 사정은 가까이 있는데도 서로 얻지 못하면,

곧 흉하며, 또는 해를 입기도 하고, 혹은 후회하거나 인색해지게 된다.

變化云爲(변화운위) : 이 구절도 해석이 크게 갈린다

① 변화하며 행동함에 (대부분)

② 변화운위의 네 원칙을 파악하면《주역계사 강의》⇨ 이 구절을 變(원칙), 化(그 영향), 云(말하는 것), 爲(진행하는 것) 각 문자가 서로 다른 뜻을 지닌 것으로 새기고 있으나 연구과제이며, 뒷 구절과의 연결이 매끄럽지 않다.

③ 云의 뜻을 '이르다'로 새기면, '변화가 행위에까지 이르면'으로 해석할 수 있다. 즉, '변화가 실제 행해지면' 이라는 뜻이 된다. 그러면 다음 구절에서 말하는 세 가지의 연결이 자연스럽다. 즉, **'좋은 일에는 조짐이 있고, 상을 보고 도구를 만들며, 점을 치면 다가올 일을 안다'**고 풀이하면 변화가 이루는 모습을 설명하게 된다.

云(운) : 이르다, 일컫다, 도착하다, 다다르다

祥(상) : 상서, 조짐, 재앙, 훈계/ 가르치다, 상서롭다,

天地設位 聖人成能(천지설위 성인성능) : 역시 해석이 제각각이다

① 천지가 자리를 배열함에 성인이 그 공을 이루고 (대부분)

② 천지가 배열되면 성인이 보완하여 완성하고《주역계사 강의》

③ 의미는 모두 같으나, 해독상의 차이가 있다. 정리하면, **'천지가 자리를 벌여놓으면 성인이 능히 (역을 만들어) 완성하며'**로 해석한다.

人謀鬼謀 百姓與能(인모귀모 백성여능) :

① 사람이 꾀하고 귀신이 꾀함에 백성도 그 능력을 더불어 꾀한다. (대부분)

② 사람이 꾀하며 귀신이 꾀함에 백성이 더불어 능하느니라《대산 주역강의》

③ 사람의 지혜든 귀신의 지혜든 평범한 사람들도 다 알 수 있다.《주역계사

강의》

④ 의미의 명확함에서 조금씩의 차이를 보이고 있다. 정리하면, **'사람이 꾀하든 귀신이 꾀하든 일반 사람들도 능히 할 수 있다'**로 해석한다.

變動以利言 吉凶以情遷(변동이이언 길흉이정천) : 연구자에 따라 해석에 차이가 있다.

① 변동은 이(利)로 말하고 길흉은 정(情)으로 옮긴다 (대부분)

② 변동은 이해관계를 말해주며, 길흉은 상황에 따라 달라진다《주역계사 강의》

③ '변동은 이(利)로써 말하고, 길흉은 사정에 따라 달라진다'가 원문에 충실한 번역이다. 그러나, 번역을 해도 말뜻이 상당히 어렵고, 구체적인 상이 드러나지 않는다. 따라서, 총론을 말한 첫 문장의 의미를 뒷 문장들에서 보완하여 풀어주고 있는 이 장의 구조를 보면서 해석해야 한다. 이제까지의 변역들은 한문의 문장에 대한 이해로 해석하려는 경직된 모습을 보이고 있거나, 과거부터 해석 또는 번역해온 선현들의 업적을 비판없이 무작정 계승하는데 급급해 잘못을 답습하고 있기도 하다.

이 문장부터는 효(爻)와 사(辭)의 얘기를 다루고 있다. 따라서, 효에서 일어나는 변동은 어떤 기준이 적용되며, 길흉은 어떤 상황에 해당하는 지 등을 전체 주역 문장을 고려하여 해석하면 정확할 것이다.

이 문장은 앞의 효사, 단사에 대한 설명의 연장이므로 이 점을 우선 참작하고 또한, 뒷 문장에서 '利, 利害'라는 구절과 '情, 凶'이라는 단어들이 다시 등장하는 점을 감안하여 이를 연결해서 해석하는 것이 적절하다. 정리하면, **'(효가) 변하고 움직이는 것은 이(利)로써 표현하며, 길흉은 (괘나 효의) 사정에 따라 달라진다'**고 해석하는 것이 좋다. 왜냐하면, 주역은 효에서 일어나는 변화와 움직임(변효, 호괘 등)을 말할 때는 '이롭다, 불리함이 없다' 등 이로움(利)을 기준으로 표현하고 있기 때문이다. 즉, 효에서의 변동은 이(利)로써 설명하고 있다는 얘기이다.

한편, 길흉을 말할 때는 사정에 따라, 즉 "때(시간)와 장소(공간)에 따라 길하고 흉함이 변한다"는 것이 주역의 기본 사상인 점을 감안하면, 이 부분도 '길흉은 (괘나 효의) 사정에 따라 달라진다'고 해석하는 것이 옳다.

近而不相得則凶(근이불상득즉흉) : 이를 두고도 연구자마다 해석이 갈리고 있다.

① 가까우나 얻지(어울리지) 못하면 흉하다 (대부분)

② 가까이 있으면서도 마음을 합치지 못하면 흉하다 《주역계사 강의》

③ 초효와 응하는 효가 있고, 한 괘 내에서 가운데 네 개의 중효가 응하는 효가 따로 있고, 상효가 응하는 효가 있듯이, 이들이 서로 응하는 효 사이에 '얻느냐, 못 얻느냐'에 따라 길흉이 달라진다는 말을 하고 있다. 정리하면 **'(효에서) 가까이 있는데도 서로 (원하는 효를) 얻지 못하면 흉하다'**로 해석하는 것이 문장 전체의 뜻과 매끄럽게 연결된다. '얻지 못하면' 대신에 '고맙게 여기지 못하면', '미워하면' 으로 새겨도 뜻이 분명해진다. 역에서 말하는 '사정'이란 '가까워도 서로 얻지 못하면 문제가 생긴다'는 뜻을 지니는 것을 알 수 있다.

⇒ 不相得 謂相惡也 凶害悔吝 皆由此生(불상득 위상오야 흉해회린 개유자생) 《주역 본의》

將叛者其辭慙 中心疑者其辭枝 吉人之辭寡 躁人之辭多
誣善之人其辭游 失其守者其辭屈

장차 배반하려는 사람의 말에는 부끄러움이 있고,
마음에 의혹이 있는 사람의 말은 (나뭇가지처럼) 갈라지고,
좋은 사람의 말은 과묵하며, 조급한 사람은 말이 많다.
착한 사람을 모함하는 사람의 말은 종잡을 수 없고,
지조가 없는 사람의 말은 비굴하다.

4장

서괘전 (序卦傳)

● 크게 갖고도
● 능히 겸손함이 반드시 즐겁다

有天地然後 萬物 生焉 盈天地之間者 有萬物 故 受之以屯 屯者 盈
也 屯者 物之始生也 物生必蒙 故 受之以蒙 蒙者 蒙也 物之穉也 物
穉不可不養也 故 受之以需 需者 飮食之道也 飮食 必有訟 故 受之
以訟 訟必有 衆起 故 受之以師 師者 衆也 衆必有所比 故 受之以比
比者 比也 比必有所畜 故 受之以小畜 物畜然後 有禮 故 受之以履
履者 禮也 履然後安 故 受之以泰 泰者 通也 物不可以終通 故 受之
以否 物不可以終否 故 受之以同人 與人同者 物必歸焉 故 受之以大
有 有大者 不可以盈 故 受之以謙 有大而能謙 必豫 故 受之以豫 豫
必有隨 故 受之以隨 以喜隨人者 必有事 故 受之以蠱 蠱者 事也 有
事以後 可大 故 受之以臨 臨者 大也 物大然後 可觀 故 受之以觀 可
觀以後 有所合 故 受之以噬嗑 嗑者 合也 物不可以 苟合而已 故 受
之以賁 賁者 飾也 致飾然後 亨則盡矣 故 受之以剝 剝者 剝也 物不
可以終盡 剝窮上 反下 故 受之以復 復則不妄矣 故 受之以无妄 有

无妄然後 可畜 故 受之以大畜 物畜然後 可養 故 受之以頤 頤者 養
也 不養則不可動 故 受之以大過 物不可以終過 故 受之以坎 坎者
陷也 陷必 有所麗 故 受之以離 離者 麗也

   천지가 있은 후에 만물이 생기니 천지의 사이에 가득한 것은 오직
만물이다. 그러므로 이것을 준(屯)괘로 받으니 屯이라는 것은 가득함
이고 사물이 처음으로 생김이다. 만물이 생하면 반드시 어리다. 그러
므로 이것을 몽괘로 받으니 몽은 어리고 어린 사물이다. 사물이 어리
므로 기르지 않을 수 없다. 그러므로 이를 수괘로 받으니 수는 음식의
도이다. 음식에는 반드시 쟁송이 있다. 그러므로 송괘로 받았다. 송하
면 반드시 무리로 일어난다. 그러므로 사괘로 받았다. 사란 무리이니
무리는 반드시 친한 바가 있다. 그러므로 비괘로 받았다. 비란 친한 것
이니 친하면 반드시 쌓는 바가 있게 된다. 그러므로 소축으로 받았다.
물건이 쌓인 연후에 반드시 예가 있다. 그러므로 이로 받고 (차례로) 이
행하여 태평해진 뒤에 편안해진다. 그러므로 태로 받고 태는 통하는
것이니, 사물이 끝까지 통할 수는 없게 된다. 그러므로 비로 받고 사
물은 끝까지 비색할 수는 없다. 그러므로 동인으로 받고 사람과 더불
어 같이 하는 자는 만물이 반드시 그에게로 돌아간다. 그러므로 대유
로 받고 크게 가진 자는 교만해서는 안된다. 그러므로 겸으로 받고 크
게 갖고도 능히 겸손함이 반드시 즐겁다. 그러므로 예로 받고, 즐거움
에는 반드시 따름이 있다. 그러므로 수로 받고 기쁨으로써 사람을 따
르는 자는 반드시 일이 있게 된다. 그러므로 고로 받고, 고는 일이니
일이 있은 뒤에 가히 커진다. 그러므로 임으로 받고 임은 큰 것이니 사

물이 큰 뒤에 볼 수 있다. 그러므로 관으로 받고 본 뒤에 합하는 바가 있다. 그러므로 서합으로 받고 서는 합하는 것이니 사물이 꼭 합해 있지만은 못한다. 그러므로 비로 받고 비는 꾸미는 것이니 꾸밈을 다한 뒤에 형통함이 다하게 된다. 그러므로 박으로 받고 박은 깎는 것이니 사물이 다 끝나버리지는 않는 것이다. 박이 위가 궁하여 아래로 돌아오게 된다. 그러므로 복으로 받고 돌아온 즉 망령되지 아니하다. 그러므로 무망으로 받고 망녕됨이 없어진 뒤에 쌓을 수 있게 된다. 그러므로 대축으로 받고 사물이 쌓인 뒤에 기를 수 있다. 그러므로 이로 받고 이는 기르는 것이니 기르지 않으면 움직일 수 없다. 그러므로 대과로 받고 사물이 끝내 지나칠 수만은 없다. 그러므로 감으로 받고 감은 빠지는 것이니, 빠지면 반드시 걸리는 바가 있게 된다. 그러므로 이로 받고, 이는 걸리는 것이다.

바로잡은 주역

● 어긋나면 어려움이 따르고
● 어려움은 반드시 풀어진다

有天地然後 有萬物 有萬物然後 有男女 有男女然後 有夫婦 有夫婦然後 有父子 有父子然後 有君臣 有君臣然後 有上下 有上下然後 禮義有所錯 夫婦之道 不可以不久也 故 受之以恒 恒者 久也 物不可以久居其所 故 受之以遯 遯者 退也 物不可以終遯 故 受之以大壯 物不可以終壯 故 受之以晉 晉者 進也 進必有所傷 故 受之以明夷 夷者 傷也 傷于外者 必反其家 故 受之以家人 家道窮 必乖 故 受之以睽 睽者 乖也 乖必有難 故 受之以蹇 蹇者 難也 物不可以終難 故 受之以損 損以不已 必益 故 受之以益 益而不已 必決 故 受之以夬 夬者 決也 決必有所遇 故 受之以姤 姤者 遇也 物相遇而後聚 故 受之以萃 萃者 聚也 聚而上者 謂之升 故 受之以升 升而不已 必困 故 受之以困 困乎上者 必反下 故 受之以井 井道 不可不革 故 受之以革 革物者 莫若鼎 故 受之以鼎 主器者 莫若長子 故 受之以震 震者 動也 物不可以終動 止之 故 受之以艮 艮者 止也 物不可以終止

故 受之以漸 漸者 進也 進必有所歸 故 受之以歸妹 得其所歸者 必
大 故 受之以豊 豊者 大也 窮大者 必失其所居 故 受之以旅 旅而无
所容 故 受之以巽 巽者 入也 入而後 說之 故 受之以兌 兌者 說也 說
而後 散之 故 受之以渙 渙者 離也 物不可以終離 故 受之以節 節而
信之 故 受之以中孚 有其信者 必行之 故 受之以小過 有過物者 必
濟故 受之以既濟 物不可窮也 故 受之以未濟終焉

천지가 있은 뒤에 만물이 있고, 만물이 있은 뒤에 남녀가 있고, 남
녀가 있은 뒤에 부부가 있고 부부가 있은 뒤에 부자가 있고, 부자가 있
은 뒤에 군신이 있고, 군신이 있은 뒤에 상하가 있고, 상하가 있은 뒤
에 예의를 차리게 된다.

부부의 도가 오래하지 않을 수 없다. 그러므로 항으로 받고 항은 오
래하는 것이니 사물이 한 곳에 오래 거할 수만은 없다. 그러므로 둔으
로 받고 둔은 물러가는 것이니, 만물이 끝끝내 도망할 수는 없다. 그
러므로 대장으로 받고 만물이 끝내 장성할 수만은 없다. 그러므로 진
으로 받고, 진은 나아감이니 나아가면 반드시 상하는 바가 있다. 그러
므로 명이로 받고 이는 상하는 것이니 밖에서 상한 자는 반드시 집으
로 돌아온다. 그러므로 가인으로 받고 끝에 이르면 반드시 어긋나게
된다. 그러므로 규로 받고 규는 어긋나는 것이니 어긋나면 반드시 어
려움이 있다. 그러므로 건으로 받고 건은 어려움이니 사물이 끝내 어
렵지는 않게 된다. 그러므로 해로 받고 해는 풀어지는 것이니 풀어지
면 반드시 잃는 바가 있다. 그러므로 손으로 받고 계속 덜어내면 반드
시 더함이 있게 된다. 그러므로 익으로 받고 계속 더하면 반드시 터진

다. 그러므로 쾌로 받고 쾌는 결단함이니 결단하면 반드시 만나는 바가 있다. 그러므로 구로 받고 구는 만남이니 사물이 서로 만난 후에 모이게 된다. 그러므로 취로 받고 취는 모이는 것이니 모여 오르는 것을 승이라 한다. 그러므로 승으로 받고 계속 오르면 반드시 곤궁하다. 그러므로 곤으로 받고 위에서 곤궁한 자는 반드시 아래로 돌아온다. 그러므로 정(井)으로 받고 정의 도는 고치지 않을 수 없다. 그러므로 혁으로 받고 사물을 고치는 데는 정(鼎)만한 것이 없다. 그러므로 정으로 받고 그릇을 믿은 자는 장자만한 이가 없다. 그러므로 진으로 받고 진은 움직이는 것이니 사물이 끝끝내 움직이지는 못하여 그치게 된다. 그러므로 간으로 받고 간은 그치는 것이니 사물이 끝내 그치지는 못한다. 그러므로 점으로 받고 점은 나아가는 것이니 나아가면 반드시 돌아가는 바가 있다. 그러므로 귀매로 받고 그 돌아간 바를 얻는 자 반드시 커지게 된다. 그러므로 풍으로 받고 풍은 큰 것이니 큰 것을 다한 자는 반드시 그 거소를 잃게 된다. 그러므로 여로 받고 나그네는 받아들여주는 데가 없다. 그러므로 손으로 받고 손은 들어가는 것이니 들어간 후에 기뻐한다. 그러므로 태로 받고 태는 기뻐하는 것이니 기뻐한 후에 흩어진다. 그러므로 환으로 받고 환은 떠나는 것이니 사물이 끝내 떠나가버릴 수만은 없다. 그러므로 절로 받고 절도가 있어서 믿는다. 그러므로 중부로 받고 그 믿음이 있는 자는 반드시 행하게 된다. 그러므로 소과로 받고 다른 사물보다 지나치는 자는 반드시 건너게 된다. 그러므로 기제로 받고 사물이 다 끝날 수는 없다. 그러므로 미제로써 받아 마치게 된다.

5장
점으로 보는 주역

☯ 들어가는 말

주역에서 흥미로운 부분이 바로 점술(占術)과 관련된 해석이다. 계사전에 자세하게 소개되고 있는 점술은 占치는 방법을 소개하는 데서 그치지 않고 점을 치는 구체적인 절차와 산식을 설명하고 있다는 점이다. 이 부분이 공자가 주역을 해설하면서 집어넣은 것으로 보이는데, 역시 지금의 점과는 다른 용도와 효용이 있었을 것으로 추정되는 대목이다.

사람은 자신의 미래를 알고 싶어한다. 일상적인 일을 해나가는 데에서는 굳이 점을 보거나 점에 의지하려 하지는 않는다. 그러나 중요한 일이 닥치거나, 무언가를 새로 시작해야 할 때, 해가 바뀌어 신년운세를 알아보고자 할 때 등에는 천지신명께 행운을 기원하기도 하고 종교적인 믿음을 더 굳건히 하기도 한다. 특히 하고자 하는 일이 잘 안 풀리거나, 어려운 일을 앞두었을 때, 역경에 빠졌을 때 등의 경우에는 점괘에 대한 의존도가 한층 커지게 된다. 인간으로서는 확신하지 못할 일들이 생길 때 비로서 천지자연과 초인적인 힘을 빌려오려는 시도를 하게 된다는 말이다. 그래서 해결되거나 일이 좋은 쪽으로 풀릴 수만 있다면…

한자어의 占을 살펴보면 상형어 그대로의 의미를 읽을 수 있다. 복(卜)과 구(口)가 결합하여 占이 된 모양이다. 즉, 복(卜)을 하여 그 결과를 입(口)으로 알려준다는 말에서 비롯됐다.

점에는 거북이점(龜卜)과 시초(蓍草)를 사용하여 점을 치는 점서(占筮)가 있다. 거북이를 태워 그 쪼개지는 모양으로(龜裂) 점을 치던 구복(龜卜)은 다른 점술서에서 다루고 있다. 주역이 가르치는 점은 시초 또는 산가지로 점을 치는 점서에 한정하고 있다. 이는 일정한 수의 대나무 가지 혹은 시초라고 불리는 풀줄기로 점을 치는 방법이다. 시초는 중국 감숙성 일대에서 자라는 신령한 풀로 알려져 있다. 그러나 요즘은 시초를 구하기 어려워 시초 대신 흔히 대나무 가지 50개(大衍之數)로 점을 친다.

거북점은 한번 해석에 대한 결정이 내려지면 무조건 따라야 하는 확정성을 지니지만, 시초 점은 괘상이 정해지면 그에 따른 점 글귀가 주역에서 정해지고 이를 해석하는 과정에서 해석자의 의지와 경험에 따라 여러 가지 양상의 설명이 가능해진다. 사유와 변화의 여지가 있어서 옛 선비들이 수신을 위해 주역 점을 미신으로 여기지 않고 과학적인 근거를 지닌, 약간은 하늘의 뜻을 따른다는 복명적 성격을 지닌 것으로 활용돼온 것으로 보인다. 50개의 대나무 가지(또는 시초 줄기)를 쥐고 나누고 산식에 따라 계산해서 괘상(卦象)을 얻게 되고, 이를 주역에 들어 있는 주석에 따라 괘상을 해석하는 방법은 성리학의 태두인 주자(朱熹)가 고안해낸 것이다.

◑ 점치는 절차

시초점(蓍草占) 또는 대나무 가지점(산가지점)을 치는 절차를 소개한다.

첫째, 준비물은 다음과 같다.

– 시초(또는 가늘고 긴 대나무 가지) 50개, 향로

– 시초를 놓을 책상과 장소, 시초를 쌓아둘 분홍 비단 천, 검은 주머니

– 나무로 만든 함 또는 대나무로 만든 궤

– 북쪽에 함, 가운데에 책상, 앞자리에 향로, 오른쪽에 필기구를 놔두어 점의

　결과를 기록해둔다.

준비가 완료되면 나름대로의 주문을 외운다. 참고로 주자가 사용했

던 주문은 다음과 같다.

점치기 전 주문 – 주자 〈서의(筮儀)〉

"변함없는 위대하고 그윽한 점에 구합니다. 지금 이 일을 하며 살고

있는 ○○○가 이런저런 일로 일이 어찌 될 바를 몰라서 신령님께 여

쭈오니, 길과 흉, 얻고 잃고, 뉘우치고 인색하며, 근심하며 걱정함을

밝게 비춰주소서!"로 말하고 있다.

둘째, 점치는 단계는 다음의 순서를 따른다.

① 함에서 50개 가지를 꺼내 향불 위에서 배례하고, 책상 위로 가져온다. 이중 한 개의 가지는 쓰지 않고 책상 위에 가로놓으며(太極), 49개 가지로 점을 친다.

② (一營) 49개 가지를 두 묶음으로 나누어 책상 두 곳에 각각 놓는다. → 분이 (分二)

③ (二營) 오른쪽에서 임의의 시초 한 가지를 뽑아서 왼손의 새끼손가락과 약지 사이에 끼운다.(掛一而象三) → 인책(人策)

④ (三營 - 歸扐) 왼쪽에서 가지를 네 개씩(4계절의 의미) 세고, 나머지(윤달의 수)를 왼손의 약지와 중지 사이에 끼운다; 나머지는 하나, 둘, 셋, 넷 중의 하나가 된다.(揲之以四以象四時) → 이상윤(以象潤)

⑤ (四營 - 再扐) 이번에는 오른쪽에서 가지를 네 개씩 세고, 나머지를 왼손의 중지와 집게손가락 사이에 끼운다.(五歲再潤, 오년만에 다시 윤달이 돌아옴) → 사영이성역(四營而成易)

⑥ 이렇게 계산하다 보면 나머지 가지의 수는

왼쪽이 1이면 오른쪽은 3, 왼쪽이 2이면 오른쪽은 2

왼쪽이 3이면 오른쪽은 1, 왼쪽이 4이면 오른쪽은 4 가 된다.

⑦ 새끼손가락에 끼운 하나의 가지(人策)와 각 손가락에 끼인 가지 수를 합하여 가로놓은 첫 가지(太極)의 왼쪽에 건다.

⑧ 人策을 이루는 한 개의 가지와 나머지 가지수를 합하면 최종적으로는 5 또는 9가 나온다. 여기까지가 일변(一變, 不五則九)이다.

⑨ 이같은 일변의 과정을 되풀이하면 두 번째가 이변, 세 번째가 삼변으로 점치는 절차를 마치면 한 개의 효(爻)가 만들어진다.

그런데 이변은 일변보다 적은 수의 가지를 사용하게 된다. 즉, 일변에서 최종 나온 수가 5이면 49 − 5 = 44개의 가지로, 최종 수가 9이면 49 − 9 = 40개의 가지로 앞의 과정을 반복하게 된다. 이변에서는 40개 또는 44개의 가지로 네 개씩 나누어서 나머지를 거는 방식이기 때문에 최종 수가 4 또는 8이 나온다. 이렇게 나온 가지수를 일변의 오른쪽에 가지런히 놓는다. 삼변은 이변에 나온 수가 4 또는 8이므로 그만큼 가지 수가 줄어들게 된다. 그리고 나서 4개씩 또 나누고 나머지를 모으면 4 또는 8이 나오게 된다.

⑩ 첫 효가 7이나 9가 나오면 괘상으로는 ▬ (陽)이 되고, 6이나 8을 가리키면 괘상은 ▬▬ (陰)이 된다. 삼변을 여섯 번 반복해야 여섯 개의 효가 완성되므로 모두 18변을 완성해야 한 개의 괘상으로 점칠 수 있게 된다.

여기서 나타난 수를 도표로 그려보면 다음과 같다.

〈표 2〉 책수와 사상의 수

일변 (경우의 수)	이변 (일변에 좌우됨)	삼변	책수의 합		사상의 수
5	4	4	49−13=36	36÷4=	9(老陽)
5	4	8	49−17=32	32÷4=	8(少陰)
5	8	4			
5	8	8	49−21=28	28÷4=	7(少陽)
9	4	4	49−17=32	32÷4=	8(少陰)
9	4	8	49−21=28	28÷4=	7(少陽)
9	8	4			
9	8	8	49−25=24	24÷4=	6(老陰)

/ 바로잡은 주역

〈표 3〉 한 개 효의 판별법 및 표시법

사상	판별법	합계	책수	표시법
太陰(老陰)	三多　　(9, 8, 8)	25	49−25=24	✕
少陽	一少兩多 (9,4,8) (9,8,4) (5,8,8)	21	49−21=28	▬
少陰	一多兩少 (9,4,4) (5,4,8) (5,8,4)	17	49−17=32	▬▬
太陽(老陽)	三少　　(5,4,4)	13	49−13=36	▭

☯ 점괘에 대한 해석

이같이 18번의 수고로움을 통해 얻은 여섯 개의 효를 가지고 괘상에 대한 해석을 받아내는 것이 이제 관건이다. 괘상은 주역의 본편에 64괘에 대한 글이 주어져 있어서 이를 따르면 된다. 글에 대한 해석은 그러나 점에 대한 해석자마다 경험과 이론의 배경에 따라 각기 달리 할 수밖에 없을 것이다. 해석을 어떻게 하느냐에 따라 소위 "용하다, 용하지 않다"로 갈리겠지만, 주역을 공부하는 이로써는 경건한 자세로 점괘에 대한 해석을 나름대로 쌓아나간다는 자세를 갖는 것이 무엇보다 중요하다고 하겠다.

주역 점에 대한 해석은 다음에 출간할 64괘에 관한 본편을 참조하기 바란다. 이밖에도 주역의 시초점을 변형하여 동전 세 개를 던져서 앞면 또는 뒷면이 나오느냐에 따라 효를 얻고 여섯 개의 효를 만들어 64괘로 활용하는 동전 점치기(척전법)가 있다. 또 다산 정약용이 주역을 연구하면서 개발해낸 개량 점법도 있다. 자세한 사항은 다산의 《주역사전》을 참조하기 바란다.

　사람의 일생 운세는 무엇이 좌우하는가, 지역과 국가의 운명은 어떻게 결정되는가. 동서고금을 막론하고 인간 사회에서 가장 궁금한 부분은 바로 그 운명일 것이다.

　인류가 가정을 이루고 국가를 세운 이후로 운명을 미리 점쳐보거나 예측하려는 시도는 무수히 반복되어왔다. 이런 궁금증을 풀어주는 동양의 지혜를 담은 저술이 바로 『주역』이다.

　『주역』이 보여주는 운명 예측은 '인간은 끊임없이 변화한다'는 가정에서 출발한다. 인간은 태어나면서 자기가 평생 가지고 갈 만큼의 분(分)을 지니게 된다. "그릇이 크다"는 말은 그 사람의 분이 그만큼의 분량을 담을 수 있다는 얘기다. 그렇다고 分이 한번 정해지면 죽을 때까지 정해진 대로 유지된다는 얘기는 아니다. 얼마만한 노력을 기울이고 열정을 갖고 대하느냐에 따라 그 사람의 분도 크기가 변할 수 있다는 가정을 한다. 그러니 '사람은 변한다'는 명제에 맞게 점을 치거나 운명을 예측하기는 어렵고 복잡해지게 마련이다. 그럼에도 이를 가정한 상황에서 그에 따라 예측하고 그 길을 보여주는 점이 주역의 가장 큰 장점이라 할 수 있다.

『주역』에서 주의 깊게 바라보는 부분이 하나 더 있다. 바로 기(幾)이다. 무언가가 일어날 조짐이 있거나 기미가 있고 나서야 변화가 이루어진다. 아무런 징후도 없이 별안간 변화하는 경우는 없다. 변화 속에는 그에 상응하는 원인과 동기가 있게 마련이다. 幾는 이를 가리킨다. 다시 말하면 분과 기가 결국 인간과 사회와 국가, 또는 특정 유기체의 변화를 이끌어내는 인자(요소)라고 보는 것이다. 앞으로 이 부분에 대해 깊이 있는 연구 성과를 기대해본다.

 / 바로잡은 주역

김혁제 교열, 《원본 집주 周易》, 명문당, 1995

김석진, 《대산 주역강의》, 한길사, 1999

남동원 저, 《주역해의》 Ⅰ·Ⅱ·Ⅲ, 나남출판, 2005 개정판

남회근 지음·신원봉 옮김, 《주역계사 강의》, 도서출판 부키, 2011

성백효 역주, 《주역전의》 上 下, 전통문화연구회, 1998

왕필 주·임채우 옮김, 《주역·왕필주》, 도서출판 길, 2010 전면개정판

이창일 지음, 《주역·인간의 법칙》, 위즈덤하우스, 2011

朱子 원저·백은기 역주, 《역주 주역본의》, 여강출판사, 1999

황준연 지음, 《실사구시로 읽는 주역》, 서광사, 2009

바로잡은 주역

초판 1쇄 인쇄 2016년 7월 1일
초판 1쇄 발행 2016년 7월 8일

지은이 이중수
펴낸이 김은주
마케팅 이삼영
디자인 이주원

인쇄 (주)재원프린팅

펴낸 곳 별글
블로그 http://blog.naver.com/starrybook
등록번호 128-94-22091(2014년 1월 9일)
주소 경기도 고양시 덕양구 오금로7 신원마을 3단지 305동 1404호
전화 070-7655-5949 | **팩스** 070-7614-3657

ISBN 979-11-86877-26-5 13140

이 도서의 국립중앙도서관 출판예정도서목록(CIP)은 서지정보유통지원시스템 홈페이지(http://seoji.nl.go.kr)와
국가자료공동목록시스템(http://www.nl.go.kr/kolisnet)에서 이용하실 수 있습니다. (CIP제어번호 : CIP2016014886)

별글은 독자 여러분의 책에 대한 아이디어와 원고 투고를 기다리고 있습니다.
책 출간을 원하시는 분은 이메일(starrybook@naver.com)로 간단한 개요와 취지, 연락처 등을 보내주세요.